KB145792

글로컬 시대의

한국영화와
도시공간 I
(1980~1987)

정태수 러시아 국립영화대학교(ВГИК·VGIK) 영화학 석사·예술학 박사, 한양대학교 교수.

장우진 한양대학교 영화학 석사·박사, 아주대학교 교수.

정민아 New York University 영화학 석사, 동국대학교 영화학 박사, 성결대학교 교수.

한영현 성신여자대학교 국문학 석사·박사, 세명대학교 교수.

한상언 한양대학교 영화학 석사·박사, 한상언영화연구소 대표

정찬철 University College London 영화학 석사, 한양대학교 영화학 박사,
한양대학교 현대영화연구소 연구교수.

한양대학교 현대영화연구소 시리즈 **5**

글로컬 시대의
**한국영화와
도시공간 I**
(1980~1987)

초판 인쇄 2018년 6월 28일
초판 발행 2018년 7월 3일

지은이 정태수·장우진·정민아·한영현·한상언·정찬철
펴낸이 박찬익 **│편집장** 황인옥 **│책임편집** 강지영
펴낸곳 ㈜ **박이정 │** 주소 서울시 동대문구 천호대로 16가길 4
전화 02) 922-1192~3 **│팩스** 02) 928-4683 **│홈페이지** www.pjbook.com
이메일 pijbook@naver.com **│등록** 2014년 8월 22일 제305-2014-000028호

ISBN 979-11-5848-389-0 (93680)

* 책값은 뒤표지에 있습니다.

한양대학교 현대영화연구소 시리즈 5

글로컬 시대의

한국영화와
도시공간 Ⅰ
(1980~1987)

현대영화연구소

(주)박이정

공간은 오랫동안 주관적 지각이나 공간 자체의 성질에 의해 이해되거나 혹은 단순히 거리나 면적으로 측정 가능한 것으로만 여겨져 왔다. 그러나 20세기 후기자본주의가 공간의 확장과 재개발을 통해 자본의 축적을 꾀하자 공간이 지닌 의미나 가치의 중요성에 변화가 생겼고, 그와 함께 공간에 대한 일대 사유의 전환 역시 이루어졌다. 단순히 지리적·물리적으로 이해되어왔던 공간이 앙리 르페브르(Henri Lefebvre) 등과 같은 학자에 의해 사회적 관계의 생산물로 그 개념이 확장되면서, 몸을 지탱시키거나 감싸고 있는 것으로만 여겨졌던 공간은 이제 인간의 모든 활동들을 담아내는 사회화된 공간, 서로 다양하고 중층적이며 상호침투적인 관계를 맺고 있는 공간으로 이해되었다. 더욱이 정치적·경제적 생산과 재생산에 끊임없이 이용되면서 공간들은 다양한 권력관계들이 생산·강화되는 관계적인 것의 총체로 파악되었다. 이렇듯 총체적인 관계성에 중심을 둔 공간개념은 그간 형태·기능·구조만으로는 파악이 어려웠던 사회적 관계를 총체적이며 비판적으로 바라볼 수 있는 가능성을 제시해 주었다.

현대영화연구소의 집필자들은 이러한 공간의 사회적 의미에 주목하고 '공간'이라는 관점으로 한국영화를 조명해 나갔다. 지금까지 한국영화는 대부분 시간성에 기대어 연대기적으로 서술되어 왔고 설사 공간과 관련된 연구라 할지라도 대부분 개별 영화작품이나 짧은 시기를 대상으로 하고 있어 오랫동안 변화를 거듭하며 발전해온 한국영화를 총체적이며 중층적으로 파악하는 데 한계를 지니고 있었다. 이에 집필자들은 한국영화와 공간, 특히 도시공간의 관계 및 변화 양상을 새로운 영화세대가 등장한 1980년대부터 천만관객 영화를 달성한 2000년대까지 약 30여 년에 걸쳐 각각 10년 단위로 분석해 나갔다. 쿠데타를 통한 신군부의 정권탈취와 이에 저항하는 민주화운동이 일어났던 1980~1987년, 그 이후부터 IMF 외환위기를 맞이한 1987~1997년 그리고 IMF 이후부터 금융위기 직전인 1997~2007년으로 나누어 각 시기 별로 정치적·경제적·사회적·문화적 공간의 변화와 그에 따른 체제, 제도, 일상, 대중적 집단의식과 가치 등의 변화가 도시공간에 어떤 균열을 가했는지 그리고 도시공간을 어떻게 재편 또는 봉합 해왔는지 분석하고, 이를 바탕으로 도시공간에 내부화 된 지배, 배제, 억압, 연대, 저항, 갈등과 같은 힘의 긴장 관계가 한국영화의 재현의 공간, 생산의 공간, 관람의 공간에 어떤 영향을 미쳤는지 살폈다. 따라서 이 연구는 공간이라는 새로운 관점을 통해 한국영화의 총체적이고 중층적인 서술을 꾀하고 있다는 점에서 그 의미를 찾을 수 있을 것이다.

총 3권으로 구성될 시리즈 중 1권인 이 책은 공간의 전형적인 속성이 가장 잘 드러나는 시기인 1980년부터 1987년까지를 대상으로 당시 균열과 불균형으로 얼룩진 영화공간과 도시공간의 관계를 다루고 있다. 1권에 이어 2권, 『글로컬 시대의 한국영화와 도시공간 II(1987~1997)』과 3권, 『글로컬 시대의 한국영화와 도시공간 III(1997~2007)』도 곧 출간될 예정이다.

2018년 6월
한양대학교 현대영화연구소 집필자들을 대표하여
김금동

1980년대 한국영화에서의 생산의 공간(1980~1987)*

정태수

1. 가려진 비극, 축제의 열풍

1980년대 대한민국을 관통하는 핵심은 전두환을 비롯한 신군부 세력에 의한 1980년 광주 학살이다. 그리고 그것의 정반대에는 86 서울 아시안 게임과 88 서울 올림픽이 존재한다. 1980년대 한국의 현대사는 이 두 가지에 의해 규정되었다 해도 과언은 아니다. 이러한 역사적 사건들은 서로 다른 쪽에서 자신들의 논리를 강화하는 명분과 요소로 작용하였다. 이것은 전두환을 비롯한 신군부 세력의 광주 학살과 그것을 위장하고 가리기 위한 조치와 행위가 한국의 1980년대 전체를 지배했다는 의미이다. 따라서 광주 학살은 1980년대 한국 사회를 관통하는 핵심이자 이 시기 한국 사회의 첨예한 갈등과 모순의 진원지였다. 그러므로 광주 학살은 1981년 3월 3일 체육관 선거를 통해 등장한 전두환 정권에게 가장 큰 아킬레스건이었고 1980년 광주에서 자신들이 자행한 역사적인 비극적 행위를 위장하고 가리는 것이 정권 유지와 지속의 중요한 문제였던 것이다. 이를 위해 전두환 정권이 시도한 것은 다양한 유화책을 통해 국민들에게 일정한 자유를 느낄 수 있도록 하는 것이었고 이에 저항하는 세력들에게는 가차 없는 폭력과 억압이라는 통치 기술을 병행하는 것이었다. 전자의 예로는 컬러텔레비전 방송, 국풍 81, 통금 해제, 86

---

* 이 글은 『현대영화연구』 27호(2017년, 37-65쪽)에 실린 논문을 수정 · 보완한 것임.

아시안 게임과 88 올림픽 게임 유치, 프로야구 출범 등을 들 수 있고, 후자의 예로는 정치적 억압과 고문 사건, 서울을 중심으로 벌어진 재개발 사업, 직선제 개헌 투쟁의 6월 항쟁 등을 들 수 있다. 예컨대 1980년 12월 1일부터 그동안의 흑백텔레비전 방송에서 컬러텔레비전 방송으로 전환하는 시험 방송이 시작되었고, 1981년 5월 28일부터 6월 1일까지 여의도에서 대규모의 군중이 운집한 대학생 축제인 '국풍 81'이 열렸으며 1982년 1월 5일 밤 12시를 기해 1945년 해방이후 미군정 시기부터 유지되어온 통행금지도 해제되었다. 그리고 1982년 2월 6일 심야 극장에서 〈애마부인〉이 상영되었고 1982년 3월 23일에는 지역 연고를 기반으로 프로야구가 출범되었다. 특히 86 서울 아시안 게임과 88 서울 올림픽 유치는 전두환 정권의 폭압적 통치에 정치적 명분을 주었다. 그 중에서도 전두환의 직접 지시에 의해 1981년 9월 30일 IOC 투표 결과 서울이 최종 후보지로 선정 발표된 88 서울 올림픽 유치는 전두환 정권 유지의 명분으로서 핵심적 역할을 하였다. 뿐만 아니라 전두환 정권은 같은 해 11월 26일 '아시아 경기 연맹(Asian Games Federation, AGF)' 총회에서 86 아시안 게임 유치에도 성공했다. 이른바 1980년대는 한국이 거대한 스포츠 공화국으로 탈바꿈하는 시기였다. 그리고 "서울이 올림픽과 아시안 게임의 개최 도시로 선정된 직후부터, 전두환 정권에게 올림픽과 아시안 게임은 스포츠 행사가 아니라 정치 그 자체였다. 86, 88은 마법의 주문이 되었다 …… 그래서 모든 반민주적이고 억압적인 조치들이 올림픽과 아시안 게임의 이름으로 정당화되었다."[1] 이에 대해 잡지 《말》은 다음과 같이 언급하고 있다.

86은 88과 분리해서 생각할 수 없다. 소위 제5공화국의 출범과 함께 86,

---

[1] 강준만, 『한국 현대사 산책—1980년대편』 2권, 인물과사상사, 2014, 65쪽.

88은 현정권이 통치 명분으로 내세운 알파요 오메가였다. 이 야릇한 관제 조어는 관제 매스컴을 통해 끊임없이 반복, 선전되면서 대중 세뇌의 핵으로 등장하여 그야말로 입만 벙긋하면 86, 88을 읊조리는 백치와 같은 존재로 탈바꿈시키는데 일익을 담당했다.[2]

이러한 스포츠 공화국으로의 변신은 정교하게 전두환 정권의 비극적 탄생을 가리는데 이용되었다. 즉 86 서울 아시안 게임과 88 서울 올림픽의 유치는 민족적 역량, 국가주의와 결합되면서 한국 현대사의 최대의 비극인 광주학살을 시간의 뒤편으로 밀어 넣으면서 잊어버리도록 강요하였고 이 시기의 수많은 억압과 폭력을 정당화시키는 명분이 되었다. 정치적 억압과 폭력은 사회 전방위적으로 진행되었고 그 중에서도 국제 행사를 앞두고 도시 미화를 이유로 자행된 재개발 정책은 이러한 행태의 전형이었다. 특히 1982년이후 선보인 합동 재개발 사업과 1983년 서울시의 토지 공영개발 방식은 서울 시내에서 쫓겨 온 사람들이 살고 있는 지역을 또 다시 외곽으로 밀어냄으로써 도시 빈민의 근본적인 처우 개선을 위한 방식을 채택하지 않았다. 예컨대 "1983년 4월 12일 서울시는 토지 공영개발 방식을 시도해 신정동, 목동에 신시가지 140만 평을 조성한다고 발표했다. 10여 년 이상을 그 지역에서 살아온 4천여 빈민 세대들은 1970년대에 아현동 등에서 철거되어 그곳으로 쫓겨 갔던 사람들인데, 이제 또 한 번 내쫓길 위기에 처하게 된 것이다."[3] 그리고 "1960년대 중반에 청계천 일대의 불량 촌을 철거한 뒤 이들을 정착시킨 곳이 상계동인데 1980년대 중반에는 그곳을 다시 재개발한다고 세입자의 일부를 다시 포천군으로 옮겨 놓은 일이 생겼다."[4] 또한 "1986년 10월 31

---

2 〈시평: 86대회와 정치〉, 《말》, 1986.9.30, 21쪽. - 위의 책, 65쪽에서 재인용.
3 강준만, 『한국 현대사 산책-1980년대편』 3권, 인물과사상사, 2014, 66쪽.
4 위의 책, 68쪽.

일 신당6동 강제 철거 시 2명이 분신을 기도하였고 12월 4일 철거민 1명이 자살하는 일이 벌어졌는데, 철거 이유는 신라 호텔이 바로 맞은편에 있어 외국인들이 보는 도시 미관이 좋지 않다는 것이었다."[5] 서민들의 강제적 희생을 통해 조성된 서울은 새로운 아파트 단지의 모습으로 변했고 그것은 1980년대 한국의 역사와 사회의 비극의 눈물을 가리는 모습으로 나타났다.

이러한 역사적 흐름 속에서 1980년대 한국의 사회와 문화적 풍경이 결정되었다. 이것은 한쪽에서는 폭력과 억압적 통치가 또 다른 쪽에서는 그것이 해소될 수 있는 배설의 출구와 같은 것이 함께 작동되었다는 것을 말하고 있다. 이렇게 형성된 1980년대 한국의 역사적, 사회적 공간의 특징은 이 시기의 문화에 반영되었다. 이것은 광주 학살로 정통성이 상실된 상태에서 출발한 전두환 정권이 구사한 문화적 유화책과 폭압적 통치에 의한 당시의 사회적 현상이 영화에 영향을 미쳤음을 의미한다. 그 결과 이 시기 한국영화에서는 전례 없는 성에 대한 노골적인 탐닉과 86 서울 아시안 게임과 88 서울 올림픽이라는 이름으로 시도된 도시 공간의 재구조화 과정에서 나타나고 있는 아파트와 그 주변 경계의 풍경이 묘사되고 있다. 이러한 특징은 1980년대의 한국 사회가 도시 공간이 어떻게 권력의 통치와 결합되어 생산되고 있는지를 파악할 수 있는 하나의 창으로 존재하고 있는 것이다.

2. 공간의 생산과 균열

앙드레 바쟁(André Bazin)은 영화의 가장 큰 특징을 사람들이 필름 영상으로부터 모든 실제를 몰아낼 수 있겠지만, 하나만은 그럴 수 없다고 하면서

---

5 위의 책, 71쪽.

그것이 바로 공간의 실제라고 하였다.[6] 이것은 영화를 구성하고 있는 본질이 공간이며 그 공간 안에 존재하고 있는 것에 의해 영화의 특징이 결정될 수 있음을 말하고 있다. 따라서 영화에서의 공간은 그 자체로 내용이자 형식이며 그것은 정치이고 사회이자 문화일 뿐만 아니라 강력한 이데올로기적 표상인 것이다. 이러한 측면에서 1980년대 특정한 한국영화들에서 묘사되고 있는 공간은 전두환을 비롯한 신군부 세력에 의해 자행된 광주 학살과 그로부터 비롯된 저항을 가리기 위해 시도된 정치, 사회, 문화적 행위와 밀접한 관계 속에 있다. 그러므로 공간에 대한 이론과 그것이 생산되는 관계를 포착하면 1980년대의 사회적 의미와 그 시대 한국영화의 특징을 파악할 수 있다. 따라서 선행되어야 하는 논의는 공간이 지니고 있는 다양한 기본적 의미로부터 시작되어야 한다.

우선 공간(raum)이라는 말은 마르쿠스 슈뢰르(Markus Schroer)에 의하면 어원적으로 "자리를 만들어낸다, 비워 자유로운 공간을 만들다, 떠나다, 치우다 등의 여러 가지를 의미하는 동사 로이멘(räumen)에서 왔다 …… 공간은 게르만족 이주자들의 아주 오래된 표현으로 일단은 거주 장소를 얻기 위한 황무지 개간과 개발 행위, 그 다음은 그렇게 획득한 거주 장소 자체를 나타냈다 …… 지리적 공간이라고 해도 공간은 이미 존재하는 것이 아니라 인간의 활동을 통해서만 비로소 생겨나는 것이다. 그러니까 원래 존재하고 있는 공간, 즉 언제나 주어져 있는 자연적 공간과는 절대 연관되지 않는다."[7] 그리고 조명래에 의하면 공간은 "빌 공(空), 사이 간(間)으로 빈 사이, 즉 빈 것을 뜻한다고 했다 …… 본디 공간은 형상의 사이 또는 가운데를 의미한다

---

6 슈테판 귄첼 엮음, 이기홍 옮김, 『토폴로지』, 에코리브르, 2010, 387쪽.
7 마르쿠스 슈뢰르 지음, 정인모·배정희 옮김, 『공간, 장소, 경계』, 에코리브르, 2010, 29-30쪽.

······ 공간은 두 가지 즉각적인 기능을 갖는다. 하나는 형상의 사이가 형상에 대해 발휘하는 영향이나 힘이다. 다른 하나는 빈 공간은 늘 채워질 수 있는 가능성을 가지고 있다는 점이다. 공간은 채워지는 방식에 따라 여러 의미와 형태로 체현된다. 그래서 이푸 투안(Yi-Fu Tuan)은 공간을 사람에 의한 인지, 의미부여 및 행위에 의해 조형되고 경험되는 장소라 정의했다."[8] 이처럼 공간은 어떤 행위와 움직임을 통해 형성되는 것이라는 것을 알 수 있다. 따라서 생물학적 필요가 충족되는 가치의 중심으로서 정지되어 멈추어 있거나 어떤 것을 포괄하는 물체의 경계를 나타내는 장소의 의미와 확연히 구별된다.[9] 이러한 측면에서 공간은 인간의 목적과 의도에 의해 이루어진다. 공간은 인간 활동의 결과이며 사회적 관계의 총체이다. 그러므로 공간은 정치적, 사회적, 문화적 현상의 목적이자 결과물인 것이다. 그리고 이러한 현상을 작동시키는 것은 권력과 이데올로기이다. 이러한 이유로 공간의 생산과 균열은 필연적으로 어떤 정치적, 사회적, 문화적 목적 하에 권력과 이데올로기를 통해 형성된 것으로 볼 수 있다.

이와 같은 공간의 사회적 현상을 주목한 사람이 바로 마르크스주의 철학자인 앙리 르페브르(Henri Lefebvre)였다. 그는 서구의 철학과 역사가 시간에만 집중해 있는 현상을 비판하면서 역사 발전은 실제적인 공간을 통해 이루어지고 있다고 주장했다. 그에게 "공간의 개념은 고립되거나 정적인 채 남아있기가 불가능하며 그것은 변증법적으로 발전한다. 공간은 생산물이자 생산자이고, 경제적 관계, 사회적 관계의 토대이다."[10] 따라서 "공간은 사회와 더불어 변화하는 것이다. 즉 공간의 역사가 존재하는 것이다 ······ 공간의 개념은

---

8 조명래, 『공간으로 사회읽기』, 한울아카데미, 2013, 40쪽.
9 마르쿠스 슈뢰르 지음, 정인모·배정희 옮김, 앞의 책, 35쪽 참고.
10 앙리 르페브르, 양영란 옮김, 『공간의 생산』, 에코리브르, 2011, 27쪽.

정신적인 것과 문화적인 것, 사회적인 것, 역사적인 것을 연결한다."[11] 이것은 인간의 사고가 세계를 생산해내고 그것은 노동과 투쟁을 통해 역사와 지식, 자의식을 생산해낸다는 헤겔주의 철학과 사회적 존재로서의 인간은 자신의 삶과 역사, 의식, 세계를 생산해내고 그것의 구체적 결과물로 사법적, 정치적, 종교적, 예술적, 철학적, 이념적 형식들을 포함하고 있다는 마르크스 엥겔스의 생산 개념과 부합하고 있는 것이다.[12] 따라서 인간에 의해 생산되고 그것에 의해 형성된 공간은 인간의 삶과 사회를 구성하는 요소에 의해 통제되고 구축된다.

이에 대해 미셸 푸코(Michel Foucault)는 탈근대적 관점을 통해 보다 직접적으로 언급했다. 그는 말하기를 "공간은 단순히 비어있는 물리적인 터전이 아니며 오히려 다양한 권력의 관계들이 상호 교차하고 중첩되면서 생산, 강화되고 있는 사회적이며 관계적인 공간"[13]이라고 했다. 여기서 푸코는 공간 구조의 주체를 권력이라고 구체적으로 적시하고 있다. 이것은 공간의 구조, 형태는 실질적으로 권력의 주체에 의해서 결정된다는 사실을 폭로하고 있는 것이다. 즉 권력은 끊임없이 "공간 전체를 통제하고 싶어 하며, 공간을 해체되고 분리된, 파편화되고 동질화된 상태로 유지하기를 원한다. 말하자면 지배하기 위해 분열시키는 것이다."[14] 그리고 이것은 권력과 이데올로기가 결합되었을 때 더욱 강제성을 띠게 된다. 권력은 공간을 새롭게 만들거나 재배치하면서 구조화하는 직접적인 힘이고 이데올로기는 그것의 명분을 제공하는 수단이다. 이것은 권력이 이데올로기를 빌어 폭력을 통해 공간을 재

---

11 위의 책, 29쪽.

12 위의 책, 127-128쪽 참고.

13 서울시립대 도시인문학연구소 엮음, 『현대철학과 사회이론의 공간적 선회』, 라움, 2010, 21쪽.

14 앙리 르페브르, 양영란 옮김, 앞의 책, 548-549쪽

구획화한다는 의미의 다름 아니다.

이러한 이유로 데이비드 하비(David Harvey)는 "공간을 이데올로기와 정치로부터 분리될 수 있는 과학적 대상이 아니라고 하면서 공간은 언제나 정치적이고 전략적이었다 …… 공간은 역사적, 자연적 요소로부터 형성 주조되어 왔지만 이것은 정치적 과정이었다. 공간은 정치적이고 이데올로기적이다. 그것은 글자 그대로 이데올로기로 가득찬 산물이다"[15]고 했다. 따라서 "공간은 생산력에서부터 제도와 이데올로기에 이르기까지 사회의 모든 심급과 밀접한 관련성을 갖는다. 즉 공간은 생산 과정에 생산력과 생산물로서 관여할 뿐만 아니라 정치적으로 권력의 통제 장치가 되고 시각화의 논리에 따라서 이데올로기가 되는 것이다."[16] 이러한 공간의 속성은 1980년대 한국의 사회 속에서 매우 전형적 형태로 나타난다. 그것의 구체적 현상이 이 시기 전두환 정권에 의한 축제와 1986년 서울 아시안 게임과 1988년 서울 올림픽 유치를 통해 생산된 공간이다. 이렇게 생산된 공간은 필연적으로 다양한 형태의 새로운 균열을 동반한다. 그것을 대표하는 것이 바로 영화를 비롯한 대중문화 속에서 넘쳐나는 성에 대한 탐닉과 86 서울 아시안 게임, 88 서울 올림픽 개최라는 명분으로 자행된 재개발 정책이었다. 이것은 1980년대 한국 사회에서의 공간이 생산되면서 나타나는 균열의 현상을 단적으로 보여주고 있는 것이다. 이는 공간과 생산, 균열이 정치권력으로부터 파생되고 그것의 사회적 관계가 이 시기 영화 속에서 공간의 특징으로 나타나고 있음을 의미한다.

---

15 에드워드 소자 지음, 이무용 외 옮김, 『공간과 비판사회이론』, 시각과언어, 1997, 107쪽.
16 노대명, 「앙리 르페브르의 공간생산이론에 대한 고찰」, 『공간과 사회』 14호, 2000, 51쪽.

3. 균열된 공간의 생산과 한국영화

3.1. 역사로부터의 회피

공간은 정치와 권력에 의해 구분되고 영화는 현실을 재현함으로써 그것을 표현한다. 이것은 영화감독이 현실을 영화 속에서 다시 구획함으로써 공간을 창출하고 그 공간의 권력자로 자리매김하고 있음을 의미한다. 따라서 영화 속에 나타난 현실 재현, 즉 공간 구획은 영화감독 자신의 사상과 현실에 대한 권력의 총체이다. 그러므로 영화감독은 영화 속에 묘사된 공간의 최종 권력자인 것이다. 이러한 이유로 영화감독은 상업 영화든 예술 영화든 자신의 영화 속에서 묘사되고 있는 내용과 형식 등과 직접적으로 결부되어 있을 뿐만 아니라 역사적, 사회적 책임과 결코 무관하다고 할 수 없다. 이러한 기본적인 논리에 근거하여 1980년 광주 학살이라는 현대 사회의 최대 비극을 경험한 1980년대 한국에서의 영화는 특별한 역사적 책임이 요청되는 시기였다. 그러나 이 시기의 한국영화에서 나타난 두드러진 특징 중 하나는 에로틱 묘사에 대한 탐닉을 들 수 있다. 물론 "한국영화에 대한 전두환 정권의 선물은 에로 영화에 대한 검열 완화였다. 덕분에 1980년대 초중반 극장가는 갑자기 봇물 터지듯 쏟아져 나온 에로 영화들로 문전성시를 이루었다."[17] 이것은 광주 학살이라는 역사적 비극을 가리고 호도하는 역할을 이들 영화들이 주도적으로 했음을 의미한다. 또한 이러한 영화들은 서울의 봄으로 불리는 1980년 이장호의 〈바람 불어 좋은 날〉, 임권택의 〈짝코〉처럼 한국 사회의 현실과 역사적 모순을 드러낼 수 있는 공간을 스스로 차단하는 역할도 하였다. 이런 측면에서 1980년은 1970년대와 1980년대의 한국영화의 시기와 경

---

17 김미현 책임편집, 『한국영화사— 開化期에서 開花期까지』, 커뮤니케이션북스, 2006, 271쪽.

계를 가르고 균열시키는 전환점이라 할 수 있다. 그것은 〈별들의 고향〉(1974)이나 〈영자의 전성시대〉(1975)에서처럼 산업사회로 급속하게 재편되고 있는 과정에서 희생물로서 등장한 여공 등이 윤락업계로 진입하게 된 1970년대의 호스티스 멜로드라마와 냉혹한 사회 현실 속에서 생존의 문제로부터 벗어나 있는 인물이 성을 탐닉한 모습을 묘사한 1980년대 영화의 지향이 근본적으로 달랐기 때문이다. 즉 1970년대의 호스티스 멜로드라마가 사회 구조, 환경과 관련된 것이라면 에로틱 묘사에 탐닉한 1980년대의 영화는 자본과 결탁한 여성의 육체가 중심이 되었다. 따라서 1980년대의 에로틱 묘사에 집중한 영화들은 영화 제목에서부터 내러티브 구조 속에서 불연속적으로 빈번하게 나타나는 성에 대한 노골적인 묘사로 사회적 현실과 구조적 모순 등을 비판하고자 하는 영화적 의도를 변질시키는 핵심적 표현 요소가 되었다. 이런 측면은 "1980년대 한국 에로티시즘 영화에 있어서 성은 더욱 강도 높게 사물화되었다"[18]고 할 수 있다.

이와 같은 특징은 1981년 전두환 정권 출범 때부터 이미 시작되었다. 예컨대 평범한 여인이 남편의 무관심으로 우연히 만난 남자와의 일탈로 파괴되어 가는 가정을 묘사한 박호태의 〈자유부인 '81〉(1981), 평범한 시골 여인이 다양한 인생을 경험하면서 몸을 팔게 되는 창녀촌과 그 너머의 삶을 묘사한 이장호의 〈어둠의 자식들〉(1981), 한 남자가 술에 취해 우연히 창녀가 사는 아파트에 들어가 하룻밤을 보내면서 벌어지는 김호선의 〈세 번은 짧게 세 번은 길게〉(1981) 등을 들 수 있다. 이들 영화는 기존의 가치관과 모순된 사회적 현실을 묘사하려 시도했지만 불연속적으로 나타난 에로틱한 성적 묘사로 애초의 영화적 의도로부터 벗어난다. 이러한 에로틱 표현은 1982년 통행

---

18 김금녀, 「1980년대 한국영화의 성적 욕망 담론에 관한 연구」, 『한국언론정보학보』 14호, 2000, 40쪽.

금지 해제와 함께 2월 6일 개봉한 정인엽의 〈애마부인〉의 등장으로 새로운 전기를 맞이한다. 〈애마부인〉의 등장은 이후 수많은 '부인' 시리즈 영화와 노골적인 성적 묘사를 암시한 영화들의 등장을 가져왔을 뿐만 아니라 1980년대 한국영화를 에로티시즘(Eroticism)이라는 이미지로 고착화 시키는데 결정적 작용을 했다. 특히 〈애마부인〉에서 표현된 조명과 색감을 통한 다리, 둔부, 허리, 가슴과 입술, 혀로 이어지는 여성의 특정한 부위의 강조와 배우의 과도한 표정과 신음 소리, 반복적 묘사 등은 1980년대 한국영화에서 에로티시즘 영화의 특징과 제작이 본격화되는 계기로 작용하였다. 이후 한국 영화는 영화의 제목에서부터 이야기 전개 중 나타나는 성적 묘사에 이르기까지 성적 호기심을 자극하는 에로티시즘 표현이 노골화되었다. 심지어 사회적 구조의 모순과 현실, 제국주의 속성을 드러내고자 하는 영화마저도 성적 묘사는 필수 불가결한 요소가 된 것이다. 이로 인해 한국 사회의 도덕적 경계의 중심에 자리 잡고 있던 성은 더 이상 은밀하고 감추어야 할 대상으로 존재하지 않았다. 이러한 흐름은 〈애마부인〉 이후 등장한 부인 시리즈와 그 아류의 영화들[19]에서 구체적으로 확인된다. 이들 영화에서는 〈애마부인〉에서 표현되었던 것처럼 내러티브와 상관없이 완만하고 느린 성적 묘사와 함께 신음 소리가 중첩되면서 여인의 육체를 탐하는 남자의 모습과 이에 흥분

---

19 김수형의 〈산딸기〉(1982), 박호태의 〈빨간 앵두〉(1982), 정인엽의 〈애마부인 2〉(1983), 〈김마리라는 부인〉(1983), 정회철의 〈장미부인〉(1983), 김송원의 〈친구애인〉(1983), 김수형의 〈오마담의 외출〉(1983), 이형표의 〈이름 없는 여자〉(1983), 김성수의 〈여자가 밤을 두려워 하랴〉(1983), 정인엽의 〈지금 이대로가 좋아〉(1984), 김인수의 〈여자가 두 번 화장 할 때〉(1984), 김기의 〈도시에서 우는 매미〉(1984), 노세한의 〈장대를 잡은 여자〉(1984), 김응천의 〈밤마다 천국〉(1984), 이황림의 〈달빛 멜로디〉(1984), 심재석의 〈여신의 늪〉(1984), 정인엽의 〈애마부인 3〉(1985), 박호태의 〈빨간 앵두 2〉(1985), 김기의 〈화녀촌〉(1985), 박용준의 〈서울에서 마지막 탱고〉(1985), 심재석의 〈차라리 불덩이가 되리〉(1985), 박호태의 〈자유부인 2〉(1986), 〈빨간 앵두 3〉(1986), 엄종선의 〈변강쇠〉(1986), 조명화의 〈물레방아〉(1986), 변장호의 〈이브의 건넌방〉(1987), 장길수의 〈레테의 연가〉(1987), 박일랑의 〈옹담부인〉(1987) 등이다.

한 여성의 모습을 보여줌으로써 에로틱한 감정을 극대화하고 있다. 이와 같은 특징은 시대와 장르의 경계를 넘어 전방위적으로 나타났다. 심지어 사회적 현실과 그 구조의 모순과 아시안 게임 및 올림픽 유치에 대해 비판적 관점을 드러내고 있는 영화들에게서조차도 이러한 표현 수법은 없어서는 안 될 요소가 된 것이다. 예컨대 임권택의 〈오염된 자식들〉(1982)에서 병구는 출세를 위해 사랑하는 여인을 버리고 장애를 가진 자신의 회사 사장 딸과 결혼한다. 정신적 가치 상실에 대한 비판을 묘사하고 있는 이 영화는 장애를 가진 부인과의 성적 장면을 통해 그 의미가 퇴색된다. 즉 화면은 병구가 사랑했던 여인을 연상하면서 이루어지는 장애를 가진 부인과의 성적 행위를 보여주면서 여성의 특정한 부위의 육체를 클로즈업을 통해 반복적으로 묘사한다. 이로써 애초의 영화적 의도인 물질, 출세에 대한 왜곡된 욕망에 대한 비판은 약화된다. 이러한 특징은 이장호의 〈그들은 태양을 쏘았다〉(1982)에서도 나타난다. 영화는 교도소 친구인 종배와 도석의 강도 행위 이후 도심에서 밀려난 변두리라는 사회적 의미의 공간을 배경으로 하고 있다. 그러나 바닷가 근처에서 느닷없이 벌어지는 한 여인과의 섹스 장면을 느리고 완만하게 표현함으로써 노골적인 성적 의미로 변환되어 영화에서 묘사하고 있는 공간의 의미는 변질되고 만다.

이와 같은 특징은 시·공간을 넘어선 영화들, 즉 조선 시대와 일제강점기를 배경으로 하고 있는 영화들에서도 나타난다. 예를 들면 하명중의 〈땡볕〉(1984)에서 느리게 묘사되고 있는 춘호와 향심의 섹스 장면과 고리대금업자이자 일본의 앞잡이인 이주사가 순이의 육체를 탐한 자극적인 장면은 일제강점기라는 시대적 공간을 무색하게 만드는 요소라 할 수 있다. 또한 이장호의 〈어우동〉(1985)에서는 성을 조선 시대의 억압된 신분 구조와 결합시켰지만 영화의 마지막 부분, 즉 갈매와 어우동의 섹스 장면이 느리고 완만한 수법으로 묘사되고 과장된 행위와 신음 소리, 다리, 둔부, 가슴 등을 차례로 보여주면서 에로틱한 장면을 최대한 끌어올림으로써 시대와 사회 구조의 알레고리는 상당 부분 퇴색한다. 임권택의 〈씨받이〉(1986)에서는 대가집 종손 상규의 부인인 윤씨가 보는 앞에서 자신의 남편과 씨받이 옥녀의 합방 장면을 매우 자극적이고 노골적으로 묘사함으로써 남성 위주의 조선 시대 사회 구조의 모순과 시대적 공간을 퇴색시키는 기능을 하고 있다. 이두용의 〈뽕〉(1986)에서도 안협이 자신의 생계와 욕망을 위해 몸을 팔게 되면서 묘사된 다른 인물과의 성적 장면은 매우 자극적이고 에로틱하게 표현되어 일제강점기의 시대적 공간의 의미는 실종된다. 이러한 특징은 변장호의 〈감자〉(1987)에서도 나타난다. 나이 많은 홀아비에게 팔려온 복녀는 자신의 삶과 욕망을 위해 다양한 사람들과 성적 관계를 갖는다. 영화는 이들의 성적 관계에 대한 묘사를 자극적이고 에로틱하게 묘사함으로써 일제강점기 힘들게 살았던 조선의 역사적 공간과 계급적 관계를 실종시킨다.

이 시기 한국영화에서의 에로티시즘은 '1985년 당시 주한 미국 대사였던 글라이스틴이 1980년 한국 군사 쿠데타의 미국 지원설 의혹 등에 대해 일본의 아사히 신문과의 인터뷰에서 미국 입장의 일방적인 해명'[20]과 86 아시안 게임, 88 서울 올림픽 유치를 계기로 우리의 문화와 정신을 훼손시키는 자로서의 외국인, 그 중에서도 미국인을 묘사하는 영화에서도 나타난다. 이러한 경향의 영화들에서는 외국인/미국인이 한국인들의 정신과 문화를 침탈하고 훼손하는 주체로 묘사된다. 이와 같은 특징이 비교적 선명하게 드러난 영화는 이장호의 〈무릎과 무릎사이〉(1984)를 들 수 있다.

영화는 플루트를 전공한 자영의 절제할 수 없는 성적 충동의 원인을 어렸

---

20 한용 외, 『80년대 한국 사회와 학생운동』, 청년사, 1989, 125쪽.

을 때 외국인 플루트 과외 선생으로부터 비롯되었다는 사실을 통해 한국의
정신과 육체를 훼손시키는 주체를 외국인으로 명확히 제시하고 있다. 그러
나 영화는 다양한 형태의 성적 장면을 관능적이고 에로틱한 표현으로 묘사
함으로써 이질적인 외부 세력의 문화에 전도되고 있는 현실에 대한 경계심
을 약화시키고 있다. 이러한 특징은 이원세의 〈여왕벌〉(1985)에서도 나타난
다. 영화는 미국인을 탐욕적이고 정직하지 못한 제국주의적 인물로, 반면 흑
인에게 강간당한 엄마의 모습을 기억하고 있는 미희는 한국의 전통 무용을
전공한 인물로 설정함으로써 명확한 대립적 관계를 구축하고 있다. 이러한
관계 속에서 영화는 미군 헬기, 미희의 동생인 정희의 몸을 애무하는 미국
인, 동생을 구출하기 위해 그를 유혹한 미희와 스티브와의 성적 묘사, 한국
의 전통 의상을 입은 미희의 모습 등을 통해 한국이 처한 현상을 알레고리적
수법으로 묘사하고 있다. 이와 같은 명확한 의도에도 불구하고 영화는 성적
인 장면이 지나치게 길게 묘사되고 관능적으로 표현됨으로써 그 본래적 의
미는 약화된다.

미국인을 탐욕적인 이민족으로 묘사하고 있는 것은 장길수의 〈밤의 열기
속으로〉(1985)에서도 나타난다. 이태원을 중심으로 활동하고 있는 청년 민
기는 대학생인 인희와 만나 사랑하게 되면서 자신의 잘못된 삶을 청산하고
자 그 동안 검은 거래의 대상이었던 미카엘 일당과의 관계를 단절하려고 한
다. 그러나 그들은 민기의 행위에 대한 보복으로 인희를 납치하여 성적으로
추행한다. 영화는 미카엘 일당을 정상적 삶을 살려고 하는 민기를 방해하는
세력으로 표현함으로써 미국에 대한 부정적 인식을 드러낸다. 이러한 영화
적 목표는 성적 코드, 즉 민기와 인희의 섹스 장면, 미카엘 일당이 인희를
납치하여 추행하는 장면을 클로즈업 등을 통해 느리면서도 반복적인 형태로
표현하여 이태원이라는 상징적 공간의 의미를 변질시킨다.

이처럼 이 시기 많은 한국영화들은 주제와 장르, 시대와 공간에 상관없이 성적 호기심을 자극하고 연상시키는 노골적인 제목과 의도적인 표현 수법, 즉 클로즈업으로 강조된 다리, 허리, 가슴, 얼굴로 이어지는 화면과 인물의 신음소리, 여기에 느리고 반복적인 장면을 통한 에로틱한 표현이 이어지는 데 이것들이 영화의 지배적 요소가 되었다. 이러한 요소들은 영화 그 자체로, 혹은 영화 속에서 내러티브와 관계없이 불연속적인 방식으로 나타난다. 이는 에로틱한 표현을 통해 성에 대한 여성의 가치의 변화, 사회의 현실과 구조, 자본과 민족의 모순 등을 비판하고 있는 것처럼 의미부여하면서도 시대와 공간을 넘어 철저한 상업 논리로 위장하고 있는 중심적 표현 요소인 것이다. 따라서 성적 묘사를 통한 에로티시즘은 이 시기 한국영화에서의 상수로 작용하고 있다. 이것은 이 시기가 "정치적 자유를 억압하는 대신 그 반대 급부로 윤리적 규제를 다소 완화시켰던 것"[21]이 하나의 이유가 될 수 있지만 동시에 이 시기의 한국영화가 얼마나 현실 공간에 대한 역사적 의미부여에 치열하지 못했는지를 단적으로 보여주고 있으며 어느 시대보다 상업 논리와 철저하게 타협한 결과물이라는 것을 증명하고 있는 것이다. 그리고 이것의 결과는 영화에서 의도하고 있는 공간의 의미가 에로틱한 표현으로 인해 그것의 본래적 의미가 이미 실종되고 전복되고 있다는 사실이다. 이것은 이 시기 정치권력, 자본의 결탁으로 왜곡되어 나타난 사회적 공간을 영화에서 직, 간접적으로 그대로 답습하고 있는 것이라 할 수 있다. 이러한 현상은 "공간은 정치적이고 전략적이기 때문에 공간을 형성해 온 그 오랜 전략들의 자취를 찾아내야 한다"[22]고 주장하는 앙리 르페브르의 시각의 정반대편에 존재한

21 김시무, 〈[영화(2)] 『바람 불어 좋은 날』, 『바보선언』, 『나그네는 길에서도 쉬지 않는다』를 중심으로-이장호 감독의 작품세계〉, 《공연과 리뷰》 74호, 2011, 53쪽.
22 앙리 르페브르, 양영란 옮김, 앞의 책, 15쪽 참고.

다. 이는 1980년 광주 학살의 비극적 역사와 그로부터 촉발된 1980년대의 역사적 공간이 노골적인 성적 표현의 탐닉에 의해 역사로서의 의미를 갖지 못하고 변질되면서 역사적 균열을 초래한다.

3.2. 도시구조와 계급

1980년대 한국 사회는 다양한 축제, 국제 행사 개최라는 명분에 의해 도시구조의 변화를 맞이한다. 이것은 전두환을 비롯한 신군부 세력이 다양한 국제 행사를 앞두고 도시 빈민들이 거주하는 사각지대를 없애라는 특명을 내림으로써 구체화되었다.[23] 이는 1980년대 서울의 도시구조의 재구조화, 재배치의 주체와 명분의 사례를 파악할 수 있는 토대라 할 수 있으며 사회적 모순, 나아가 계급적 모순이 서울을 중심으로 이루어지기 시작하였음을 의미하기도 한다. 동시에 도시 공간의 계급적 모순이 사회적, 정치적 유사성을 통해 형성된다는 것을 말한다. 물론 앙리 르페브르는 도시의 건설과 함께 영토 점령을 언급하면서 도시 권력의 행정력과 정치력이 영토를 재조직한다고 하였지만 이들 단어 속에는 그것을 근본적으로 바꾸고 재구축하여 새로운 형태로 만들어 내는 데에는 권력이 내재되어 있음을 상정하고 있는 것이다.[24] 이것은 공간의 기본적인 속성, 즉 "어떠한 공간이든 사람과 관계된 공간에서는 지배, 배제, 억압, 연대, 저항, 갈등 등과 같은 힘의 긴장 관계가 내부화되어 있다. 그래서 공간은 권력이고 모순이라고 한다"[25]는 의미에 다름 아니다.

그리고 공간을 재구조화하고 재배치하는데 필수 불가결한 것, 즉 권력을

---

23 김미현 책임편집, 앞의 책, 269쪽 참고.
24 앙리 르페브르, 양영란 옮김, 앞의 책, 239쪽.
25 조명래, 앞의 책, 28쪽.

구체화하는 것으로 자본이 병행된다는 사실이다. 특히 "자본주의 하에서 도시 공간의 재생산 과정을 지배, 통제하는 것은 자본이다. 따라서 자본주의의 공간적 진전은 도시 공간을 축적의 공간과 소비 공간으로 재조직화하면서 궁극적으로 공간의 상품화를 촉진한다."[26] 따라서 정치권력과 자본이 결합된 도시 공간은 마누엘 카스텔(Manual Castells)이 언급한 "공간은 물적 산물이고 사회가 구체화되는 역사적 총체의 구체적 표현인 것이다."[27] 이러한 이유로 도시공간의 "재구조화는 기존의 사회적 조건 및 실천에 심각한 충격이 가해지면서 그에 대한 반응으로서 발생하며 이는 그 계층질서 속에 명시화된다. 또한 재구조화는 물질생활을 틀 지우는 힘들을 통제하기 위한 경쟁적 투쟁을 강화시킨다. 그러므로 재구조화는 때로는 공격적이기도 하고 때로는 방어적이기도 한 자세를 취하면서 끊임없이 변화하고 전환되는 복잡하고 유동적인 지속과 변동의 복합을 의미한다."[28] 따라서 "도시공간은 전체적으로 자본의 논리에 따른 사회관계를 반영하지만 동시에 공간이 자본주의 축적 시스템을 지속적으로 유지하고 재생산하는 데 영향을 미친다."[29]

이러한 관계 속에서의 도시 공간의 의미는 1980년대 한국영화 속에서 묘사된 공간 속에서 파악할 수 있다. 이것은 이 시기 한국영화 속에서 나타난 공간이 1980년대의 한국 사회, 정치, 경제의 특징을 이해할 수 있는 특별한 시대적 공간이 될 수 있음을 말한다. 이와 같은 가능성의 논리는 영화 속에서의 공간의 의미를 규정한 스테판 히스(Stephen Heath)의 언급에서 뒷받침된다. 즉 "영화가 결정적 움직임을 실현하는 곳은 바로 공간이다. 하나의

---

26 위의 책, 317쪽.

27 에드워드 소자, 이무용 외 옮김, 앞의 책, 110쪽.

28 위의 책, 208쪽.

29 류지석, 「공간과 시간의 결절: 르페브르와 베르그손」, 『철학과 현상학 연구』 46집, 2010, 45쪽.

장면은 현실의 한 단면이 되고 그 표면은 다양한 층을 이루며, 자신의 한계를 넘어서 확장된다. 그래서 파편화된 부분은 세계의 일부분이 된다. 달리 표현하면, 하나의 시각은 하나의 장면으로 전환된다. 이러한 전환은 영화적 내레이션의 근간이 된다. 스크린에서 공간은 사건의 전개에 따라 확장되며 이야기를 풀어가는 장소이다."[30] 또한 한미라에 의하면 "공간은 행위가 일어나는 곳으로, 잘 짜인 공간은 그 자체로 영화의 내러티브를 설명할 수 있다. 영화의 공간은 현실의 공간을 불러오고 영화는 삶을 재생산한다. 영화의 재현은 현재를 다시 불러오는 것으로 결국 재현은 영화와 현실 세계의 일치에 대한 문제이고 이것은 다시 담론의 문제로 이어진다는 것이다."[31] 결론적으로 영화 속에서의 공간은 그 자체로 도시공간에서 재구조화와 재배치되고 재편된 공간이 지니고 있는 정치권력, 자본의 결과를 현상적 혹은 비판적으로 묘사하고 있다는 것이다. 그리고 이것은 공간의 재구조와 재배치가 정치권력, 자본과 결합되어 이루어진 것임을 말하고 있다. 그렇기 때문에 동시대의 영화는 동시대의 현실, 시간, 공간, 역사를 온전하게 담아내고 있다. 이러한 특징이 1980년대 한국영화 속에 투영되어 있다는 주장은 매우 설득력 있는 논리적 관계를 지닌다. 그리고 이러한 권력, 자본의 결합은 이 시기 한국영화에서 도심과 주변의 경계에 존재하고 있는 아파트로 표상화되고 있다. 따라서 아파트는 이 시기 한국 사회의 도시 구조를 구성하는 핵심적 요소이자 계급적 모순을 드러내는 상징이다. 그러므로 이 시기 한국영화 속에서 묘사되고 있는 아파트는 시대와 연결되어 있는 영화 속 주요 배경이자 이야기를 풀어가는 중요한 모티프인 것이다. 그 결과 이 시기 많

---

30 프란체스코 카세티, 김길훈·김덕수·김건 옮김, 『현대영화이론』, 한국문화사, 2012, 315쪽.
31 한미라, 「봉준호 영화의 내러티브 공간이 갖는 지정학적 의미에 관한 연구」, 『영화연구』 63호, 2015, 261쪽.

은 한국영화는 아파트라는 공간과 그곳에서 배제된 경계의 공간들, 즉 산동네, 변두리 지역과 사람들의 이야기를 다루고 있다.

이러한 측면에서 서울의 변두리 지역을 배경으로 하고 있는 이장호의 〈바람 불어 좋은 날〉(1980)은 전형적 형태를 띠고 있다. 영화는 시골에서 서울로 상경한 세 명의 젊은이들, 즉 중국집 배달원 덕배, 여관에서 일하는 길남, 이발소에서 일하는 춘식을 중심으로 농촌과 서울을 대비적 공간으로 설정하면서 그곳의 중간 경계에 농사 짓던 땅이 아파트 개발로 수용됨으로써 내몰린 사람들이 모여 있는 변두리 지역을 배경으로 전개된다. 특히 부동산 개발 업자인 회장과 그의 성적 노리개로 전락한 이발소 여종업원 미스 유, 그리고 한 밤중 누군가를 향해 내 땅 내놓으라고 외치는 노인의 모습은 자본과 그것의 관계가 매우 특별한 방식으로 연결되어 있다는 것을 보여준다. 이러한 형태의 의미는 아파트와 한강 다리가 보이는 곳에서 서로 사랑하지만 파국으로 끝나는 미스 유와 춘식의 관계를 통해서 강화된다. 영화에서는 아파트의 모습을 영화 속 화면으로 끊임없이 개입시키면서 권력과 자본이 낳은 계급적 모순을 도시구조의 공간을 통해 드러내고 있는 것이다.

자본이 권력화되고 그로부터 발생한 도시공간의 변화를 고단한 당시 인간의 삶과 그 관계의 비극성을 통해 묘사하고 있는 것은 이원세의 〈난장이가 쏘아올린 작은 공〉(1981)에서도 나타난다. 영화는 어느 날 공장을 짓겠다는 회사 측의 통보로 쫓겨나게 될 상황에 처해 있는 염전 근처의 무허가 건물에 살고 있는 사람들의 모습을 다루고 있다. 토지 소유주인 회사는 이들에게 근처에 지어질 아파트 입주권을 보상으로 주지만 대부분의 사람들은 높은 가격으로 인해 입주권을 포기하고 부동산 투기업자에게 그것을 싼 가격으로 팔면서 그 공간을 떠난다. 그곳의 난장이 가족도 그곳을 떠나게 될 상황에 처하게 되지만 얼굴이 예쁜 딸인 영희는 자신을 마음에 들어 하는 부동산 투기업자에게 성을 매개로 아파트 입주권을 확보한다. 그러나 그녀의 아버지는 스스로 목숨을 끊으면서 영화는 비극적으로 종결된다. 이러한 비극적 상황은 토지를 소유하고 있는 자본가와 무허가 건물에 살고 있는 빈민촌 사람들과의 대립적 구조 속에서 발생한다. 그리고 이들의 대립적 관계 속에 부동산 투기업자가 개입하게 된다. 따라서 영화에는 도시개발 업자, 그것의 상징인 아파트와 빈민촌 주민들, 무허가 건물이라는 대비적 관계 속에서 성이 하나의 해결책으로 제시된다. 따라서 성은 자본으로부터 착취당하는, 즉 잃어버린 것을 되찾게 하는 도구—여기서는 아파트 입주권—로서 교환 가치의 상징으로 전락하고 만다. 이것은 궁극적으로 아파트는 권력으로부터 힘을 위임받은 자본이 자본을 극대화하기 위한 하나의 상징물임을 뜻한다. 또한 그것은 도시공간의 구조가 권력, 자본으로부터 형성되었음을 말하고 있다. 아파트로 상징화된 1980년대 변화된 도시공간 구조의 함축된 의미는 창녀 경순이 땅콩장수 용구에게 전기밥솥을 선물하고 난 후 아파트가 보이는 한강변에서 데이트를 하고 있는 이장호의 〈어둠의 자식들〉(1981)에서도 나타난다. 이들에게 아파트는 강 건너편에 존재하는 꿈의 상징이자 동시에 사회적 구조로부터 배제된 자신들의 현실을 확인해주고 있는 것이다.

　이와 같은 특징, 즉 아파트로 상징화된 권력, 자본으로부터 파생된 1980년대 한국 사회의 구조적 모순은 범죄의 근본적 요인으로도 작용한다. 이것은 이장호의 〈그들은 태양을 쏘았다〉(1982)에서 아파트가 보이는 변두리 지역에 살고 있는 사람들과 그 공간을 통해 묘사되고 있다. 즉 변두리 지역에 살고 있는 종배와 도석은 강도를 저지른 후 자동차로 도심을 가로질러 달린다. 자동차 창문 옆으로 도심과 신도시의 아파트가 스쳐 지나간다. 그러한 풍경과 함께 자신들이 살고 있는 변두리 지역의 공간은 사회적으로, 심리적으로 분리된 이질적인 세계인 것이다. 이것은 종배의 범죄를 인지한 그의 부인이 자수를 권유하자 "자기 자신은 이 사회와 전쟁을 하는 기분이다."라고 한 말을 통해 드러난다. 즉 사회 구조의 모순에 대한 강한 적대감을 드러내고 있는 것이다. 따라서 영화는 이들의 범죄 행위가 갖고 있는 성향을 넘어 사회적 모순과 그 구조로부터 비롯된다는 것을 아파트와 그 경계에 있는 공간을 통해 보여주고 있는 것이다. 이와 같은 특징은 변두리 지역의 무허가 건물에서 사는 사람들과 멀리 아파트가 보이는 배경을 하고 있는 배창호의 〈꼬방동네 사람들〉(1982)에서도 나타난다. 이러한 대비적 장면은 그 자체로서 이미 도시 공간의 구조와 그 이면에 내재되어 있는 사회 구조의 모순을 드러내고 있다. 사회 구조의 모순을 보다 근원적 측면에서 언급하고 있는 이 시기의 영화는 이장호의 〈과부춤〉(1984)에서 찾아 볼 수 있다. 영화는 팀 스피리트(Team Spirit) 훈련, 미스 유니버스 선발대회, 축구 경기, 아웅산 테러 사건으로 인한 정부 고위 관료들의 장례식 장면, '국제의회연맹(Inter-Parliamentary Union, IPU)' 총회의 모습과 함께 힘들고 고달픈 삶을 살고 있는 사람들의 모습을 번갈아 보여준다. 이는 화려한 국제적인 행사, 아파트 단지의 모습과 그 이면에 감추어져 있는 본모습, 즉 서울 변두리 쓰레기 더미 위의 아이들, 산동네 사람들의 삶과 어린 학생들의 모습, 청소부의 교통사고 등을 대비시키면서 당시 한국 사회의 서로 상반된 모습을 보여주고 있다. 이것은 서로 다른 대비적 공간을 영화 속에서 드러냄으로써 1980년대 한국 사회가 직면하고 있는 도시 공간, 즉 사회 구조의 모순을 비판하고 있는 것이다.

이처럼 이 시기의 한국영화는 한국 사회의 모순과 갈등을 아파트를 비롯한 다양한 의미의 공간을 통해 묘사하고 있다. 특히 아파트는 한국 사회의 도시 구조를 변경하고 재구조화하고 재편하는 과정에서 드러나는 상징적 요소이다. 아파트를 통해 도시구조는 변화를 맞이했고 아파트를 분양받는 것은 곧 성공한 중산층의 대열에 합류하여 계급 상승이라는 사회적 의미를 가진다. 이에 대해 데니스 레트(Dennis P. Lett)는 한국에서의 "아파트 생활 양식이란 도시 중산층의 아비투스(habitus)와 같은 것이며 그것은 전통적 신분 사회의 소멸 이후 경제 발전과 함께 시작된 새로운 지위 집단의 형성, 곧 '양반화' 추세와도 무관하지 않다"[32]고 했다. 반면 아파트로부터 소외되는 순간 그것의 대가는 변두리 무허가 건물로 내몰리게 되는 이른바 실패한 삶인 것이다. 이러한 극단적인 삶의 가치를 구조화하고 견인하는 요인은 다름 아닌 권력과 자본의 결탁에 의해 국가적 명분으로 추진된 1980년대 도시공간 구조의 재편이었다. 그러므로 아파트는 권력과 자본이 결탁한 시대적 공간의 상징이라 할 수 있다. 따라서 이 시기는 아파트를 위한 것이라면 자신의 모든 것을 희생할 준비가 되어 있는 인간의 상품화가 본격화된 시대라 할 수 있다.

이러한 물신화된 가치의 현상을 적나라하게 보여주고 있는 것이 김기의 〈도시에서 우는 매미〉(1984)이다. 이 영화에서는 사기꾼에 의해 아파트를 잃게 된 부인이 '동거를 조건으로 아파트를 돌려주겠다.'라는 그의 또 다른 사기행각으로부터 벗어나지 못하는 모습을 보여준다. 이 영화에서 묘사된 부인은 당시 한국 사회의 구조, 가치의 민낯을 보여주고 있는 전형적 모습이라 할 수 있다.

이처럼 1980년대 한국영화에서 묘사되고 있는 도시와 공간의 변화는 이 시기 한국 사회의 흐름과 밀접하게 연결되어 있다. 그 과정에서 발생한 아파트는 도시공간의 구조가 정치권력과 자본의 결합에 의해 형성되었음을 보여주는 구체적 상징물이다. 이러한 결론의 이면에는 이 시기 서울을 중심으로

---

32 Dennis P. Lett, *In Pursuit of Status: The Making of South Korea's New Urban Middle Class*, Harvard University Press, 1998, p.217-222. - 전상인, 「아파트 선호의 문화 사회학」, 『환경논총』 45권, 2007, 15쪽에서 재인용.

추진된 도심 재개발 사업과의 관계가 존재하고 있었음이 확인된다. 즉 "1981-1985년에는 도심 재개발 사업과 제조업 생산은 동일한 방향으로 변동했다. 1985-1988년에는 도심 재개발과 제조업 생산이 상반되게 변동하는 것이 더욱 뚜렷해진다. 1981-1985년에 도심 재개발과 제조업 생산이 동일한 방향으로 변동한 이유는 서울에서 개최된 아시안 게임과 올림픽이라는 국제 행사를 앞두고 도시 정비 차원에서 재개발이 활발하게 이루어졌기 때문으로 1981-1985년의 도심 재개발은 경제 외적 변수가 크게 작용한 것이다."[33] 즉 정치권력의 안정화, 견고화가 고려되면서 각종 국제 행사와 이를 포장하기 위해 추진된 정책과 자본의 결합이 이와 같은 1980년대 도시구조, 공간의 변화를 만들어 냈다. 궁극적으로 이러한 도시 공간의 구조는 권력과 자본의 직접적인 영향으로 성립된다는 인식을 요구하고 있다. 이에 대해 "힐리어와 한슨((Hillier & Hanson)은 1984년 '공간의 사회적 논리(The Social Logic of Space)'에서 도시공간은 공간 개개의 기하학적인 형태나 규칙성보다는 전체로서의 관계성에 의해서 해석되어야 하며, 이러한 관계성을 바탕으로 공간 조직의 사회적 논리가 설명될 수 있다고 하였다. 따라서 도시공간의 구조는 전체에 포함된 부분들이 전체와 집중적으로 연계되어 있는 정도 또는 전체로부터 이격되어 있는 정도에 따라 달라지는 공간 연결의 형태로서 해석될 수 있다."[34] 즉, 도시공간은 어느 한 측면만이 아니라 다양한 관계망을 통해서 파악되어야 하는 것을 강조하고 있는 것이다. 이를 보다 직접적으로 표현하면 "도시공간의 변화는 이윤 극대화와 구조적 위기의 조

---

33 박선미, 「도시 공간의 변화에 내재한 정치, 경제적 논리의 규명」, 『지리학』 51권 제3호, 1993, 219쪽.
34 이우형·김영욱, 「서울의 도시공간구조와 기능의 변천에 관한 연구」, 『한국도시설계학회지』 제3호, 2001, 43-44쪽.

절을 목적으로 하는 총체적 사회 구조의 경제, 정치 이데올로기의 공간적 표현이다."[35] 이러한 논리는 1980년대 한국영화에서 묘사되고 있는 도시공간의 구조와 재배치의 의미를 총체적으로 파악하고 이해하도록 견인하는 요소이다.

1980년대의 한국영화는 이러한 의미, 즉 정치권력과 자본의 결탁으로 인해 형성된 도시 공간과 그로부터 발생한 다양한 사회적 현상을 묘사하였다. 그것을 구체적으로 상징화한 것이 도시 공간을 구획 짓고 사회적 갈등의 중심에 존재한 아파트였다. 아파트는 도시공간을 계급적으로 분리하기도 하였고 사회적 가치도 자본의 물신화로 변경하였다. 이는 부당한 쿠데타를 통해 집권한 전두환을 비롯한 신군부 세력에 의해 만들어졌다. 따라서 이 시기의 한국영화에서는 공간의 생산과 그 균열의 근원, 그리고 정치적, 사회적 구조의 모순을 아파트라는 상징물을 통해 재현하고 있는 것이라 할 수 있다.

＊ ＊ ＊

1980년대의 한국은 1980년 광주 학살로 권력을 찬탈한 전두환을 비롯한 신군부 세력과 함께 시작되었다. 이들은 자신들의 비도덕적, 비역사적 권력 획득 과정을 문화정책과 축제를 통해 가리고자 하였다. 이것은 정치권력의 비정당성, 비정통성을 다양한 정책과 축제를 통해 은폐시키면서 자신들의 권력을 유지하고자 한 의도에서 비롯된 것이다. 전격적인 컬러텔레비전 방송과 프로야구 출범, 국풍 81, 국제의회연맹 총회 개최, 86 서울 아시안 게임, 88 서울 올림픽 유치 등은 이러한 형태의 결과물이었다. 따라서 1980년

---

35 박선미, 앞의 논문, 224쪽.

대는 국가적 축제로 점철된 시기라 할 수 있다. 이와 같은 축제의 분위기 속에 한국영화도 자연스럽게 합류하였다. 이 시기 한국영화에서 나타난 성에 대한 탐닉은 이러한 축제 분위기 속에 편승한 대표적 현상이다.

특히 정인엽의 〈애마부인〉(1982)에서 묘사된 관능적인 성적 표현은 이러한 흐름에 하나의 기폭제가 되었다. 이후 이 시기 수많은 영화에서 묘사된 성적 표현은 내용과 상관없이 그 내용을 압도하는 알파와 오메가였다. 심지어 영화에서 묘사되고 있는 다양한 공간의 문제, 예컨대 사회 구조의 문제, 계급간의 문제, 정치적, 이데올로기 문제마저도 노골적이고 자극적인 성적 표현으로 인해 그 본래의 의미를 실종시키고 변질시키면서 무의미한 것으로 전락시키고 말았다. 따라서 여성의 육체를 묘사한 성적 표현은 1980년대 한국영화의 지배적 요소가 되었고 그것은 역사적 공간의 은폐라는 전두환 정권의 의도에 영화감독들이 상업적 책략으로 화답한 것이라 할 수 있다.

반면 현실적 상황에 근거한 영화들도 이장호의 몇몇 영화를 중심으로 등장하였다. 이들 영화에서는 비록 현실-그것이 제약이 있던 없던 간에-그 자체를 직접적 비판의 대상으로 묘사하고 있지는 못하지만 현실적 상황에 근거하여 현실이라는 문제를 제기하였다. 이것은 1980년대라는 시대적 공간으로부터 발생한 사회적 현상에 대한 하나의 문제 제기의 다름 아닌 것이다. 즉 현실이라는 공간을 통해 생산된 사회 구조의 문제, 예컨대 도시 구조의 모순, 계급의 모순, 민족의 모순, 권력과 자본이 결탁하여 새로운 공간을 생산하고 균열하는 모습 등을 공간을 통해 묘사하고 있다. 이것을 이들 영화에서는 변두리 지역과 아파트, 도시 빈민과 부동산 투기업자들, 혹은 한국인과 외국인을 통해 드러내고 있다. 그러나 이러한 문제 제기는 영화 속에서 직접적이고 구체적으로 드러나지 않는다. 즉 문제 제기는 있지만 그것이 창조적이고 치밀한 내적 논리와 결합되고 있지 않다는 것을 의미한다. 이와 같은 형태를 대표하는 영화로 이장호의 〈바보선언〉(1983)을 들 수 있다. 이 영화에서는 1980년대 한국 사회를 관통하는 스포츠에 대한 관심, 목욕탕 장면에서 상징적으로 묘사된 계급적 인식, 미소 정상회담을 통한 국제 정치, 국회의사당을 배경으로 똥칠과 육덕의 옷 벗는 퍼포먼스, 그리고 '우리나라는 행복하다'는 역설적 의미로 끝나는 내레이션 등을 통해 이 시기 한국 사회에서 발생하고 있는 수많은 근원적 문제를 제기하고 있지만 그것을 구체적으로 드러내거나 분석적인 인식에 이르지는 못하고 있다. 이것은 영화의 형식적 문제이기도 하면서 동시에 공간의 문제이기도 하지만 무엇보다 공간이 지니고 있는 의미에 대한 구체적 분석과 인식이 치밀한 논리로 연결되지 못함으로써 영화 속에서 제공하고 있는 공간이 궁극적으로 파편적이고 표피적인 의미만을 갖게 된다는 것이다. 그러므로 현실적 상황에 근거한 이 시기의 많은 영화들은 사회적 현실을 온전하게 담아내고 있지 못하다는 결론에 도달한다. 이런 측면에서 오히려 영화의 본질을 결정하는 것은 공간이 하나의 중요한 요소라는 것을 재확인하고 있는 것이다. 비록 시간을 통해 공간이 갖는 의미가 드러나고 공간은 시간을 통해 그 의미가 다양한 의미로 확대되지만 공간 속에서 존재하고 있는 것 때문에 현실과 관계 맺고 있는 것이 더욱 폭발적인 의미를 갖는다. 이것은 영화 속에서 공간이 갖는 직접성과 사실성을 통해 공간의 생산과 균열의 주체, 그것이 어떤 방식으로 이루어지고 있는지를 파악할 수 있다는 의미이다.

그럼에도 불구하고 1980년대의 한국영화는 공간이 갖는 의미, 그리고 그것의 생산과 균열의 과정에 대한 치열한 분석과 인식이 부족하여 전두환 정권이 의도하는 역사로부터의 회피, 나아가 은폐에 편승하여 역사적 공간에 대한 기억을 지우는데 주도적으로 참여하였다. 비극이 있었으면서도 없었던 것처럼, 오히려 앞장서서 비도덕적이고 비정통적인 전두환 정권에 야합했던 것이다. 특히 에로틱 묘사에 탐닉했던 이 시기의 많은 영화감독들은 역사를 제대로 인식하지도 못 했을 뿐만 아니라, 영화의 본질도, 그것의 매체적 기능도, 중요성도 이해하지 못했다. 그저 자신의 돈벌이를 위해 영화라는 매체를 이용하는 수단에 불과했다. 그렇기 때문에 그들은 정치권력의 통제가 이어질 때 선두에 서서 그러한 흐름을 앞장서서 반영하고 주도하였던 것이다. 그러면서 자신들의 무능함을 엄혹한 전두환 정권의 3S 정책 탓으로 돌린다. 그러나 우리는 남미의 영화 창작가들, 수많은 사람을 정치적 이유로 살해한 스탈린 정권 하에서의 소련 영화감독들이 어떻게 사회적 현실과 마주하였는지를 통해 그것을 정책의 탓으로 돌리기에는 너무나 궁색한 변명이라는 것을 깨달아야 한다. 마치 독일의 표현주의 영화가 히틀러의 등장에 기여하였다는 의혹을 받은 것처럼 이 시기의 한국영화는 권력과 자본에 굴종적이었을 뿐만 아니라 그것으로부터 영향 받은 다양한 형태의 공간을 생산함으로써 1980년대 전두환의 정권 유지에 협력하였던 것이다. 이들에게는 "우리 사회에서 진정한 정치적 임무는 중립적이거나 독립적인 것처럼 보이는 제도들의 작동을 비판하는 것이다. 다시 말해 제도를 통해 항상 모호하게 행사되어온 정치 폭력의 가면을 벗겨내어 우리가 정치 폭력에 대항할 수 있다는 의미에서 제도를 비판하는 것이다"[36]라는 푸코의 언명을 자신들의 창작 과정에 적용할 수 있는 가능성이 애초부터 없었던 것이다.

---

36 에드워드 소자, 이무용 외 옮김, 앞의 책, 83쪽.

참고문헌

[단행본]

한용 외, 『80년대 한국사회와 학생운동』, 청년사, 1989.

에드워드 소자 지음, 이무용 외 옮김, 『공간과 비판사회이론』, 시각과언어, 1997.

김미현 책임편집, 『한국영화사— 開化期에서 開花期까지』, 커뮤니케이션북스, 2006, 271쪽.

마르쿠스 슈뢰르 지음, 정인모·배정희 옮김, 『공간, 장소, 경계』, 에코리브르, 2010.

서울시립대 도시인문학연구소 엮음, 『현대철학과 사회이론의 공간적 선회』, 라움, 2010.

슈테판 귄첼 엮음, 이기홍 옮김, 『토폴로지』, 에코리브르, 2010.

앙리 르페브르, 양영란 옮김, 『공간의 생산』, 에코리브르, 2011.

프란체스코 카세티, 김길운·김덕수·김건 옮김, 『현대영화이론』, 한국문화사, 2012.

조명래, 『공간으로 사회읽기』, 한울아카데미, 2013.

강준만, 『한국 현대사 산책—1980년대편』 2권, 인물과사상사, 2014.

_____, 『한국 현대사 산책—1980년대편』 3권, 인물과사상사, 2014.

Dennis P. Lett, *In Pursuit of Status: The Making of South Korea's New Urban Middle Class*, Harvard University Press, 1998.

[학술논문]

박선미, 「도시 공간의 변화에 내재한 정치, 경제적 논리의 규명」, 『지리학』 51권 제3호, 1993.

노대명, 「앙리 르페브르의 공간생산이론에 대한 고찰」, 『공간과 사회』 14호, 2000.

김금녀, 「1980년대 한국영화의 성적 욕망 담론에 관한 연구」, 『한국언론정보학보』 14호, 2000.

이우형·김영욱, 「서울의 도시공간구조와 기능의 변천에 관한 연구」, 『한국도시설계학회지』 제3호, 2001.

전상인, 「아파트 선호의 문화사회학」, 『환경논총』 제45권, 2007.

류지석, 「공간과 시간의 결절: 르페브르와 베르그손」, 『철학과 현상학 연구』 46집, 2010.

한미라, 「봉준호 영화의 내러티브 공간이 갖는 지정학적 의미에 관한 연구」, 『영화연구』 63호, 2015.

[잡지]

〈시평: 86대회와 정치〉, 《말》, 1986.9.30.

김시무, 〈[영화(2)] 『바람 불어 좋은 날』, 『바보선언』, 『나그네는 길에서도 쉬지 않는 다』를 중심으로 - 이장호 감독의 작품세계〉, 《공연과 리뷰》 74호, 2011.

1980년대 초중반 한국영화의 도시 공간 분석*

한영현

1. 1980년대 통치 패러다임과 한국영화의 변화

1980년대 대중 문화의 지형은 갑작스런 쿠데타의 영향 아래 새로운 모습으로 변모하기 시작했다. 영화계가 맞닥뜨린 지형의 변화도 예외는 아니었다. 1980년 컬러 TV 방송을 시작으로 연이어 대두된 국풍 81, 소극장의 허용, 5·6차 영화법 개정, 해외 영화 시장 개방 등으로 1980년대 한국영화계는 변화의 소용돌이 속에 휘말렸다. 이 과정에서 "1980년대 한국영화는 정치적으로 열린 틈새를 비집고 역사적, 사회적, 성적 문제를 건드리기 시작한 공적 담론의 장소가 되었다는 점에서 중요하다"는 것이 부각되었다.[1] 영화가 공적 담론의 '장소'가 되었다는 이 지적은 당대의 정치·사회 패러다임의 변화 속에서 영화의 역할과 의미를 곱씹어 봐야 할 필요성을 제기한다. 특히 이 글은 1980년대 영화의 역할과 의미를 '공간'의 '재현'에 주목하여 살펴보고자 한다. 이는 다음과 같은 이유에서 연유한다.

첫째, 1980년대 전두환 정권의 정치 사회적 패러다임의 근간은 '개발'과 '근대화의 완성'에 있다고 보기 때문이다. 이러한 개발 근대화의 완성은 무엇보다 '도시화'와 연결된다. 전두환은 박정희의 독재적 산업 근대화 이데

---

* 이 글은 『씨네 포럼』 24호(2016년 8월, 323-355쪽)에 실린 논문을 수정·보완한 것임.

1 김미현, 『한국 영화 역사』, 커뮤니케이션북스, 2014, 68쪽.

올로기를 이어받으면서 그것을 완성한 인물로 회자된다. 박정희가 주도한 1960~70년대의 근대화는 한반도에 살았던 사람들이 경험하지 못했던 사회변화와 속도전을 겪게 하고, 비로소 처음 국가와 재벌의 위력을 제대로 실감하며, 처음 공장에서 일하고 도시에서 살며, '자본주의자'가 되는 과정을 밟게 해주었다.[2] 이를 통해서도 알 수 있다시피 박정희 정권의 경제적 근대화는 전두환 정권기에 이르러 절정에 이르렀고, 이는 국가주의와 '경제 제일주의'의 이벤트인 서울 올림픽으로 귀결되었다.[3] 이는 일반 대중들의 삶에 지각변동을 일으키는 중요한 요인이었다. 1960~70년대 근대화 시기 동안 시골을 떠나 도시로 이주한 하층 노동자 계층이 급속도로 늘어났으며 이는 1980년대에도 계속되었다. "결정적으로 근대화 추진 '세력'에는 피눈물 나는 희생을 감내하면서도 산업화·도시화가 자기에게나 공동체에 이익이 된다고 굳게 믿은 민초들이 포함되어 있었다."[4]는 지적과 "1960년대 중반에서 1980년대 중반 사이의 한국의 근대화 시기 동안, 천연자원이 매우 적은 한국에게 다른 경쟁자들에 대한 유일한 이점은 풍부한 값싼 노동력이었다."[5]는 논의는 1960~80년대까지의 근대화가 일반 대중들을 값싼 노동력으로 소모한 그동안의 사정을 알려 준다.

더불어 "한국의 극우 독재체제는 그 실체야 어떠하건 공격적인 '중산층 만들기'를 통해 '중산층'으로 하여금 '하층'의 저항을 억누르거나 무력화시키게끔"[6] 하는 전략을 이용했다. 전두환 정권에 이르러 경제 개발의 신화가

---

2   권보드래 외, 『박정희 모더니즘─유신에서 선데이 서울까지』, 천년의상상, 2015, 16쪽.
3   강준만, 『한국 현대사 산책─1980년대편』 1권, 인물과사상사, 2014, 15쪽.
4   권보드래 외, 앞의 책, 18쪽.
5   이진경, 나병철 역, 『서비스 이코노미』, 소명출판, 2015, 71쪽.
6   강준만, 앞의 책, 17쪽.

절정에 이르렀던 만큼, '중산층' 유토피아 또한 일반 대중들 사이에 성열했을 것임은 짐작하기 어렵지 않다. 이러한 중산층 유토피아의 형성과 값싼 노동력의 도시로의 이동은 도시 공간을 계급적이고 이데올로기적인 복잡한 공간으로 인식하는 계기를 제공한다.

둘째, 이러한 변화 양상은 한국영화의 재현 방식과 직·간접적인 영향 관계에 놓여 있다. 말하자면 '도시화'와 '중산층 유토피아' 그리고 도시 공간의 복잡한 구성과 얽힘은 1980년대 한국영화의 '공간' 재현을 통해 가장 특징적으로 가시화된다는 것이다.

이와 같은 전제 하에서 당대의 대표적인 영화 몇 편을 스케치하면, 몇 가지 특징을 도출해낼 수 있다.[7] 우선, 영화에 재현된 도시화의 양상이다. 영화는 주로 '서울' 중심의 대도시 공간과 그 주변부를 재현 공간으로 설정한다. 특히, 도시는 '개발'과 '미개발'의 공간이나 한국형 도시 개발의 상징이라고 할 수 있는 '아파트'와 근대 도시 개발의 가부장적 소환이라고 할 수 있는 성 산업의 현장, 즉 '창녀촌'이라든가[8] 가난한 하층 계급이 머무는 '빈민촌'을 중심으로 재현된다. 여기에 재현되는 도시의 공간은 서로 연관되는데 가령, 개발된 아파트와 함께 배치되어 있는 '빈민촌'의 모습이라든가 '아파트' 개발 현장의 황폐화된 공간과 하층 계급 노동자, '창녀촌'의 여성 하층

---

7 1980년대 한국영화 도시 분석에서 선정하는 작품은 다음과 같다. 김수용의 〈도시로 간 처녀〉(1981), 이원세의 〈난장이가 쏘아 올린 작은 공〉(1981), 송영수의 〈이 깊은 밤의 포옹〉(1981), 이장호의 〈어둠의 자식들〉(1981), 배창호의 〈꼬방동네 사람들〉(1982), 하명중의 〈엑스〉(1983), 배창호의 〈고래사냥〉(1984), 이장호의 〈바람 불어 좋은 날〉(1980), 이장호의 〈바보선언〉(1984), 배창호의 〈적도의 꽃〉(1983), 신승수의 〈장사의 꿈〉(1985) 등

8 이진경은 이와 관련해 다음과 같이 말한다. "젊은 여성의 성 노동과 섹슈얼리티 서비스 노동은 가족주의와 가부장제라는 중첩된 이데올로기들을 통해 처음에는 가족의 차원과 가정의 영역에서 동원되었다. 그리고 그 같은 전통적인 이데올로기들에 의해 근대화에 대한 국가의 소환이 젊은 여성의 성 산업과 섹슈얼리티 서비스 산업으로의 대중적 동원으로 전이되었을 것이다."(이진경, 앞의 책, 75쪽)

성 노동자와 그 창녀촌을 둘러싼 개발된 도시 전경 등이 그것이다. 이러한 공간 재현 양상은 전두환의 통치 이데올로기와 부조리한 관계에 놓여 있다. 가령, '아파트'와 같은 공간은 정권의 개발 신화를 가장 잘 보여 주는 스펙터클이지만, 그 한 켠에 함께 놓여 있는 '빈민촌'은 개발 신화의 이면을 적나라하게 보여주는 개발의 어두운 그늘이기도 하다. 1980년대 영화는 대부분 이러한 방식으로 당대 정권의 개발 신화를 승인하면서도 거부하는 부조리한 공간을 연출한다.

이러한 1980년대적 공간 재현 방식은 1970년대의 그것과는 차별성을 보여 준다. 우선, 1970년대 한국영화에서 재현된 공간은 1980년대의 그것과는 달리 '도시'와 '시골' 혹은 '도시'와 '주변'의 분할이 좀 더 분명하다. 도시가 근대화와 모든 사회적 부조리의 부정적 공간이라면, 이 공간을 벗어난 '시골(고향)'이나 '주변'은 도시의 부조리를 해결하는 낭만적 유토피아의 공간으로 설정되기도 하는 것이다.[9] 그러나 1980년대 영화에서 '낭만적 유토

---

9 가령, 1970년대 가장 대표적인 영화라고 할 수 있는 이만희의 〈삼포 가는 길〉(1975)과 이장호의 〈별들의 고향〉(1974)을 예로 들어 볼 수 있다. 이만희의 〈삼포 가는 길〉에서 세 주인공은 '삼포'라는 '고향'을 설정하고 그 곳으로 가는 길에 서 있다. 여기에 설정된 '고향'은 그곳이 실제적인 장소성을 지닌 공간이냐의 여부와는 상관 없이 '돌아가야 할 곳'으로서의 심리적 장소성과 공간성을 상징하고 있다는 점에서 일종의 '유토피아'로서 구성된다. 이는 이장호의 〈별들의 고향〉에서도 마찬가지이다. 제목에서도 드러나듯이 '고향'을 상정하는 이 영화는 당대 여성의 도시적 하강 경험을 가장 극적으로 재현하면서도 끝내 버리지 못할 '갈망'과 '돌아가고자 하는 공간'에 대한 심리적 욕망을 상징화한다. '사랑'과 '행복'을 갈망하는 경아가 수면제를 마신 후 마지막으로 놓여 있는 공간은 도시의 추함과 더러움의 이미지를 깨끗하게 일소한 '설원'이다. "나도 모르게 누군가를 기다린다"는 경아는 도시의 삶에서 버림받은 하위 주체의 마지막 '고향'에 대한 그리움과 갈망을 상징화하고 있으며, 이는 곧 실제의 존재 여부와는 상관없이 심리적으로 돌아가고 싶은 '고향', 즉 '유토피아'에 기반하는 것이라고 할 수 있다. "유토피아는 실제 장소를 갖지 않는 배치"이며 "사회의 실제 공간과 직접적인 또는 전도된 유비 관계를 맺"고, "근본적으로, 그리고 본질적으로 비현실적인 공간"이라는 푸코의 논의에 기대어 보면, 1970년대 영화들에는 이러한 돌아가야 할 곳, 즉 '유토피아'에 대한 갈망이 전제되어 있다고 판단된다.(미셸 푸코, 이상길 역, 『헤테로토피아』, 문학과지성사, 2014, 47쪽) 이와 관련하여 이진경은 70년대 도시 노동자 계급을 중심으로 선풍적인 인기를 끌었던

피아'의 공간 재현은 찾아보기 어렵다. 공간은 '도시'로 한정되어 있으며, 도시 밖은 곧 '죽음'을 의미하거나 아예 재현되지 않는 곳이다. 도시의 부조리함을 그대로 승인하면서 살아가야 할 곳은 오로지 '도시' 그 자체로 한정된다.

이는 1980년대 한국영화의 공간 분석 필요성과 '공간'의 문제성을 제기하는 중요한 지점이다. 왜 1980년대에 이르러 '도시'는 부조리한 문제를 안고 있음에도 불구하고 외면할 수 없는 삶의 터전 그 자체가 되었는가. 마치 도시의 인공 건축물과 철골 구조물에 압도당하는 것처럼 묘사되는 인물들의 재현 방식을 보면, 1980년대 영화에 이르러 '공간'은 '도시'라는 모습으로 영화의 배경으로가 아니라, 인간의 '삶−죽음'을 판가름하는 주권자의 자리로 위치 변경된 양상을 보인다. 또한 영화에 재현된 도시 하층민은 도시 밖으로의 탈출은 꿈도 꾸지 않은 채 '도시' 안에 살면서 도시의 온갖 파열음을 온 몸으로 체현한다.

1980년대 한국영화에 재현된 공간과 도시가 문제적으로 읽힘에도 불구하고, 1980년대 한국영화의 '공간 재현'의 문제에 초점을 맞춘 연구는 제대로 이루어지지 않고 있는 실정이다. 1980년대 한국영화를 다룬 논의는 주로 '리얼리즘'이나 '에로티시즘', '포스트식민주의' 등 당대 정치·사회 담론의 관점을 적용하거나 '장르', '여성', '제도(정책)' 등 특정한 세부 분야에 초점을 맞춰 이루어져 왔다.[10] 아직까지 1980년대 한국영화에 대한 다각도의 논

나훈아의 대중가요가 '고향'에 대한 강한 심리적 욕망을 상기시켰다는 흥미로는 분석을 제시했다.(이진경, 앞의 책 218~223쪽 참조) 이와 관련하여 1982년에 발표된 윤수일의 노래 〈아파트〉를 생각해 볼 수 있겠다. 이 노래는 '아파트 개발'과 그것이 가져온 도시적 삶의 쓸쓸함과 외로움 등을 상기시키면서 당대 대중의 정서적 공감을 불러일으키며 엄청난 인기를 누렸다. 두 가요를 통해서 드러나는 대중적 정서감은 당대 영화의 특성과도 일정 정도 연관성을 보여 준다.

10 대표적인 논문으로 다음의 몇 편을 들 수 있다.

의가 이루어지지 않고 있는 가운데 드물지만 공간과 연관되는 1980년대 '아파트'에 대한 연구가 시도되고 있다는 점은 고무적이다.[11] 그러나 이러한 연구는 '아파트'라는 특정한 공간에만 초점을 맞추었을 뿐만 아니라, 1980년대 '공간 재현'에 대한 다각도의 세밀한 분석이 부족하고 당대 영화 전반을 아우르는 거시적인 관점을 확보하지 못하고 있어 논의의 한계를 보인다.

'도시화'를 가장 부조리하게 드러내는 1980년대 한국영화의 재현 방식은 '공간'의 생산과 밀접하게 연관되어 있으므로 '공간'의 생산과 '도시화', 그 안의 '인물'과의 관계 속에서 총체적으로 규명될 필요가 있다. 또한 이러한 논의 과정에서 한국영화·도시화·공간·인물의 역사적 의미를 도출해낼 기회를 마련할 수 있을 것이다.

이를 위해 이 글은 1980년대 초중반 영화에 초점을 맞춰, '공간' 재현의 '관계성'에 주목한다. "사회적 공간들 간의 상호적인 함축은 하나의 법칙이다. 하나씩 독립적으로 분리되는 사회적 공간이란 추상에 불과하다. 구체적인 추상으로서의 사회적 공간은 망과 경로, 관계의 묶음을 통해서 '실재적으로' 존재한다."[12] '공간'이 따로 분리되어 있지 않고 관계적 망을 통해 형

이현진, 「1980년대 성애영화 재평가를 위한 소고」, 『현대영화연구』 18호, 2014.

김현철, 「여성노동자를 둘러싼 스크린의 정치: 1960~80년대 영화 속 여공과 여차장, 식모와 다방레지」, 『여성연구논총』 28집, 2013.

노지승, 「남성 주체의 분열과 재건, 1980년대 에로영화에서의 남성성」, 『여성문학연구』 30집, 2013.

김정환, 「1980년대 영화의 정당화 과정으로서의 기회구조 분석-민중문화 운동과 영화시장 개방을 중심으로」, 『한국콘텐츠학회논문지』 13집, 2013.

서대정, 「'변환기' 혹은 '모색기'에 대한 반성적 고찰-1980년대 리얼리즘 영화를 중심으로」, 『현대영화연구』 6호, 2008.

김선엽, 「1980년대 한국영화에 등장한 포스트식민주의적 혼종성」, 『영화연구』 28호, 2005.

김윤아, 「80년대 한국영화의 장르 추세 연구」, 『영화연구』 17호, 2001.

11 문근종, 「1950~80년대 한국영화에 드러난 여성 주거 공간으로서의 아파트 연구」, 『디자인융복합연구』 14집, 2015.

성되어 있는 것이라면, 공간들 간의 '관계성'에 주목할 필요성이 생긴다. 그리고 이러한 관계성 속에 형성된 공간 재현의 양상은 1980년대 전두환 정권의 수립과 정책 변화 및 독재적 개발 신화에 기반한 도시화를 감지할 수 있는 1980년대 초중반 영화의 공간 재현과 공간들 간의 관계성에 초점을 맞출 때 가장 구체적으로 감지할 수 있다고 판단된다.

관계적 망 속에서 재현되는 '공간'의 확장과 압도를 분석하면, 자신의 발전적 시간을 살지 못했던 80년대 비천한 인생들의 실제 얼굴을 들여다 보는 계기를 마련할 수 있다. 인간을 압도하는 발전의 공간·절대적 공간은 아이러니하게도 발전·성공하고자 하는 인간의 역사적 진보와 전진을 가로막는 거대한 장벽이 된다. 따라서 도시와 공간은 절망과 죽음을 내면화한 화려한 공간, 즉 화려함과 삭막함을 동시적으로 품고 있는 아이러니한 공간이 된다. 특히, 이 글에서 논의하는 '하위 주체', 이른바 비천한 타자들[13]은 이러한 도시 공간의 문제성에 좀더 새롭게 접근해 나가는 데 도움을 줄 수 있을 것이다.

2. 도시=권력의 상징 이미지들

1970년대 후반의 한 보고서에서 제시된 1980년대 도시화의 전망은 이렇다. "우리나라 80년대에 있어서의 都市化는 「國土空間秩序上 兩極化가 이루어지는 年代」, 「農村型社會에서 都市型社會로 移行되는 年代」 그리고

---

12 앙리 르페브르, 양영란 역, 『공간의 생산』, 에코, 2014, 153쪽.

13 이 글에서 관심을 갖는 '하위 주체'는 도시에서 살아가되, 경제적으로 '자본'을 갖지 못했을 뿐만 아니라 직업상 안정된 '계층'에 속하지 못한 주변화된 존재들을 의미한다. 이들은 자본과 계층의 소외 속에서 안정된 공간을 확보하지 못했거나 다른 이들에 기생하여 살아가는 인물들이라고 할 수 있겠다.

「榮光과 試鍊이 交錯하는 年代」라고 展望할 수 있겠다."[14] 농촌형 사회에서 도시형 사회로 이행되는 형태 변화는 1960~70년대의 급속한 근대화로 인해 가속화되었다는 사실을 감안하면, 보고서에서 전망하는 바는 이러한 형태 변화의 고착과 완성을 의미한다고 보아도 무방할 것이다. 이는 1960년대 39.1%였던 우리나라 도시화율이 1970년대 50.1%, 1980년대 68.7%로 급속하게 이루어져 1990년대에 접어들면서 79.6%를 차지하게 된 저간의 상황을 보아도 알 수 있다.[15]

경제 성장과 근대화는 불법 정권의 정당성을 국내외적으로 홍보할 수 있는 중요한 정책이었으므로 이를 위해 도시를 개발·정비하는 것은 매우 중요한 시대적 과제였다. 이는 필연적으로 도시의 개발·정비에 방해가 되는 도시 빈민들의 거주지를 철거하고 삶의 거처에서 몰아내는 일과도 직결되었다.[16]

따라서 1980년대 도시는 '권력'과 '통치술'의 매커니즘이 세밀하게 작용하는 논쟁적 공간이었다. 이른바 "도시를 권력의 중심 매커니즘 내부로 통합"[17]하는 것, 그것이 가장 중요하게 작용하는 것이 1980년대 서울의 도시

---

14 손정목, 「한국도시화에 있어 80년대의 의미」, 『도시문제』 125집, 1977, 22쪽.

15 국토해양부, 「국민 91% 도시지역 거주, "도시화 안정기": 2011년 도시계획현황 통계」, 국토해양부, 2012 보도자료, 5쪽.

16 "당국의 재개발정책은 가난한 사람들에게 가장 먼저, 가장 큰 불이익을 안겨다 주었다. 특히 공간 경제적인 관점에서 볼 때엔 도무지 말이 안 되는 것이었다. 가난한 사람의 일자리가 도매시장 같은 도심에 많이 분포되어 있는 만큼 그 일자리까지의 접근성이 매우 중요한 의미를 갖는 것임에 반해, 당국은 빈민들을 자꾸 도시 외곽으로만 내몰았던 것이다."(강준만, 『한국 현대사 산책-1980년대편』 3권, 인물과사상사, 2014, 68쪽)

17 미셸 푸코, 오트르망 역, 『안전, 영토, 인구』, 난장, 2012, 102쪽. 이를 좀더 보충하면 다음과 같다. 푸코는 "도시 문제가 다양한 안전 메커니즘 사례의 핵심"이라고 하면서, 18세기 무렵 도시가 특수한 정치적·경제적 문제와 통치기술의 문제를 발생시킨다고 보았다. 그는 도시와 그 안의 인구를 관리하는 권력의 통치 메커니즘을 분석하면서 인구의 관리와 통치술의 발달을 통해 근대 이후에 도시를 기반으로 하는 안전 메커니즘이 발달한 역사적 과정을 탐색한다.

화 내지 도시였기 때문이다.

한편, 1980년대 '도시'는 정권의 권력 매커니즘과 동시에 도시를 기반으로 살아가는 인간들의 욕망과도 직결되어 있었다. 도시에서의 성공적 정착과 안정감의 획득은 곧 '권력'의 획득과도 연결되는 것으로서, 이는 1980년대 전두환 정권이 전략적으로 활용했던 '중산층 판타지'로서 쉽게 설명할 수 있다. "사회적으로 이데올로기적인 환상의 목적은 바로 진정으로 존재하는 사회에 대한 하나의 비전을 구축하는 것"[18]이라는 말에서도 짐작할 수 있듯이, 1980년대 '중산층 판타지'는 1980년대 도시 중산층의 삶을 하나의 비전으로 제공함으로써 '도시'를 권력의 기반이자 권력 획득의 수단으로 인식하는 왜곡된 인식을 초래했다.

'도시'에 개입되어 있는 이러한 '권력'의 작용들은 당대의 한국영화에 재현된 도시 이미지들을 통해 다양하게 드러난다. 때로 그것은 도시의 나약한 인물들을 압도하는 거대한 철골 구조물로 재현되어 '강철'의 단단하고 거대한 압도적 권력을 상징적으로 보여 주기도 하고, 때로는 '아파트'와 같은 근대화된 '주거지'의 모습으로 재현되어 개인들의 중산층 판타지를 자극하기도 한다. 이러한 권력의 상징물은 '성공'과 '부'를 욕망하는 비천한 주인공들의 '발전'과 '전진'을 가로막는 주요한 매개체이자 욕망하지만 성취할 수 없는 판타지이다. 이들의 전진을 막는 것은 공간의 절대적 '권력'인 것이다.

---

18 슬라보예 지젝, 이수련 역, 『이데올로기라는 숭고한 대상』, 인간사랑, 2002, 220쪽.

영화 〈이 깊은 밤의 포옹〉　　영화 〈꼬방동네 사람들〉　　영화 〈바람 불어 좋은 날〉

첫 번째 장면은 송영수의 〈이 깊은 밤의 포옹〉(1981)에 등장하는 재현된 거대한 다리 위의 두 주인공 모습을 촬영한 것이다. 마치 점처럼 보이는 두 주인공은 도시에서 정착지를 마련하지 못한 가난한 남자 대학생과 매춘녀이다. 이들은 건설 현장의 지하에서 사랑을 키우는 존재들로, 도시에서 거점을 확보하지 못한 이들을 압도하는 철골 구조물은 보잘 것 없는 두 주인공들의 삶을 더욱 초라하게 만든다. 단단하고 거대한 강철의 이미지는 무력한 대학생과 빈민 매춘녀를 아래에서 떠받치는 단단한 지반처럼 보이지만 동시에 이 기반은 이들의 생사를 가르는 중요한 매개체로 의미화된다.

두 번째 장면은 배창호의 〈꼬방동네 사람들〉(1982)의 한 부분이다. 개발된 아파트가 멀리 배경으로 보이는 꼬방동네는 개발 중인 도시의 주변부에 위치한 빈민촌이다. 미로와도 같은 골목과 번잡하고 문제 많은 삶의 풍경들이 꼬방동네를 중심으로 펼쳐지는 가운데, 반복적으로 등장하는 근대화된 신식 아파트는 빈한한 동네의 살풍경하고 고통스러운 삶의 질곡과는 대비되는 근대화되고 안정된 삶의 가능성과 판타지를 제공한다. 도시로 올라온 가난한 자들을 구원하는 것은 살풍경한 '꼬방동네'가 아니라, 멀지만 가까운 곳에 위치한 아파트이자, 그 아파트 안의 안정되고 풍요로운 삶이라고 할 수 있다. 이처럼 아파트는 도시로 유입된 가난하고 비루한 개인들의 삶을 구원하고 안정과 성공을 담보해 주는 중요한 권력의 이미지로 재현되는 것

이다.[19]

세 번째 장면은 이장호의 〈바람 불어 좋은 날〉(1980)의 한 장면이다. 돈을 벌어 성공하기 위해 도시로 상경한 두 남녀를 가두고 있는 것은 거대한 철골 구조물이다. 장면을 압도하고 있는 철골 구조물은 두 남녀가 아슬아슬하게 기대고 있는 중요한 지지대로 작용한다. 남자는 위로 치솟은 구조물의 상단에 걸려 있고, 여자는 아래 쪽에서 남자를 바라보면서 걸터 앉아 있다. 위를 향한 이들의 시선과 철골 구조물의 치솟은 이미지는 도시로 밀려든 순박한 남녀의 신분 상승과 성공의 욕망을 효과적으로 알레고리화한다.

'도시'는 개인들의 욕망을 실현하는 장소이자 처벌하는 장소이다. 거대한 구조물에 갇힌 듯 보이는 인물들의 시각적 재현은 이들이 추구하는 성공과 꿈을 가로막는 거대한 권력이기도 하다. 이는 영화에 '농촌(고향)'이나 '자연'의 공간 설정이 매우 희박하거나 이 공간이 인물들의 '죽음'을 통해서만 돌아갈 수 있는 장소로 설정되는 것과도 연결된다. 〈바람 불어 좋은 날〉에서 고향을 떠나온 세 청년이 정착하려는 도시 공간은 개발과 투기의 장소로 재현된다. 그 곳에서 이들은 성공과 부를 위해 끝까지 살아남으려 노력한다. 이들에게 돌아갈 고향은 없다. 반드시 도시에서 살아남아야 한다는 강한 집념은 '도시'의 공간이 발산하는 권력의 힘을 역설적으로 보여 준다. 이는 개발을 위해 땅을 빼앗긴 남자의 죽음을 통해서도 인상적으로 드러난다.

---

19 1980년 아파트는 전체 주택수에서 7.0%를 차지했으며 증감률은 126.7이었다. 1985년도에는 전체 주택수의 13.5%를 차지했고 증감률은 119.8이며 1990년에는 37. 7%를 차지하고 증감률은 98.1로 조사되었다. 반면, 단독 주택수와 증감률은 1980년대에서 1990년대로 갈수록 점점 떨어지는 것으로 조사되었다.(통계청 '2010 인구주택총조사' 전수집계 결과, 석혜준, 「인구주택총조사 결과로 본 한국의 인구 및 주택과 그 특징」, 『LHI archives』, 5집, 2011, 153쪽에서 재인용) 이러한 조사 결과는 영화에서 재현된 공간의 양상과도 밀접하게 관련된다. 가령, 1960년대 영화에서 '중산층 판타지'는 일반적으로 양옥 단독 주택과 연결되어 있었다. 그러나 1980년대에 들어서면서 중산층 판타지는 '아파트'와 연결되면서 공간 재현의 차별성을 보여 준다.

개발되는 도시는 자연의 땅을 빼앗음으로써 도시적 권력을 획득하고 개인의 생명을 빼앗을 정도로 강력하다. 이장호의 〈바보선언〉(1983)에서 빠르게 전개되는 도시의 일상에서 매춘으로 생계를 유지하던 여성은 결국 죽음에 이르러서야 자연으로 돌아갈 수 있었다.

3. 신화적 도시 공간의 내파(內破), 하위 주체들의 삶

"도시는 실존적 삶의 공간에서 만들어진 수많은 이미지들이 우리의 기억속에서 상징으로 자리잡고, 삶이라는 운동 역학을 유발하는 거대한 유기체에 해당한다."[20] 이에 비춰 보자면, 유기체로서의 하나의 도시는 인간들의 실존적 삶을 가장 사실적으로 반영하는 중요한 공간적 의미를 지닌다. 1980년대 한국영화에서 발견되는 도시의 공간 또한 당대 인간의 실존적 삶을 가장 사실적으로 반영한다. 그렇다면 1980년대를 살아가던 인간들의 실존은 과연 어떤 모습이었을까.

1970년대까지만 해도 서울을 중심으로 한 대도시의 재개발 사업은 주로 도시로 유입된 과잉 인구 문제를 해결하기 위한 것에 초점이 맞춰져 있었다. "60년대말 더욱 가열되었던 서울시의 인구 과밀 현상은 70년대 초 인구 분산 정책과 지역 개발 정책으로 말미암아 수도권 전역으로 인구, 산업 시설 등이 분산되면서 둔화되었다."[21]는 지적에서도 알 수 있다시피 1970년대 박정희 정권까지의 서울의 주택 재개발 정책은 서울로 몰려든 인구의 과잉

---

20 김민수, 「한국 도시 이미지와 정체성」, 서울시립대학교 도시인문학연구소 엮음, 『도시 공간의 이미지와 상상력』, 메이데이, 2010, 21쪽.

21 장세훈, 「도시화, 국가 그리고 도시 빈민─서울시의 무허가 정착지 철거 정비 정책을 중심으로」, 『사회와역사』 14집, 1988, 135쪽.

을 억제하기 위해 무허가 주택에 밀집되어 있던 도시 빈민들을 도시 밖으로 분산시켜 나가는 재개발과 철거 정책을 중심으로 행해졌다. 그러나 1970년대 말에 이르러 과거의 주택 재개발 방식에 변화가 생긴다. 1980년대에도 도시 빈민이 무허가 주택을 근거로 생활하는 상황이 여전히 지속되었으나, 문제는 주택 재개발 방식이 '합동 재개발 정책'으로 선회함으로써 부동산 자본의 개입이 본격화되었다는 데 있었다. "합동 재개발 정책은 미개발 지역인 무허가 정착지를 해체하고 정상적인 토지 상품으로 개발하는 과정에서 부동산 자본의 개입을 제도적으로 유치하는 정책이다."[22] 자본이 개입됨에 따라 도시 재개발은 가장 큰 이윤을 남길 수 있는 효율적인 주택을 개발하는 방향으로 선회했다. 이는 대표적으로 '아파트' 건설의 가속화를 부추기고, 투기 열풍을 가속화하는 결과를 낳았다. 1980년대에 이르러 아파트는 '자본'이 개입된 가진 자의 '상품'이자 '욕망'의 실체로 변모하기 시작한 것이다.[23]

　이러한 위계적인 도시 풍경은 곧 도시를 기반으로 살아가는 인간들의 실존적 삶의 터전이었다. 1980년대 한국영화는 바로 이러한 살풍경한 대도시

22　위의 논문, 156쪽.

23　이와 관련하여 1970년대 중반부터 가속화되기 시작한 강남 개발에 대해 살펴볼 수도 있다. "70년대와 80년대는 강남 개발의 시대, 본격적으로 강남/강북의 지역 격차가 발생하기 시작하며 지역과 품위가 연동되는 방식이 재구축—재편되는 시대라고 할 수 있다. 1972년 정부가 주택건설촉집법을 시행하면서 아파트 대량 공급 체제를 갖추기 시작했고 곧 이어 강남 개발이 시작되었다. 1970년대 후반부터 시작된 아파트 건설은 74~75년 반포지역 아파트 대규모 건설, 75~77년 완공된 압구정동 현대아파트를 기점으로 1980년대 목동 신시가지 건설, 81년 개포지구 개발, 82년 지하철 2호선 잠실운동장~교대 앞 구간 개통, 전두환 정부의 1981년부터 시작된 500만 가구 건설 계획 등으로 확장되었다."(오지은, 「1980년대 박완서 단편 소설에 나타난 중산층의 존재방식과 윤리」, 『민족문학사연구』 50집, 2012, 242쪽) 이렇듯 1970년대 중반 이후부터 주택 재개발 정책에 따라 그동안 개발되지 않았던 강남이 본격적으로 개발되기 시작했으며, 1980년대 주택 재개발 정책의 변화에 따라 강남에 건설된 아파트는 '자본'과 '욕망'의 흐름에 따라 부와 권력의 상징이 되기 시작했다. 이는 강남과 강북의 위계화, 즉 도시 공간의 위계화를 야기하는 중요한 문제이다.

서울의 위계적인 풍경과 그 안에서 살아가는 인간들의 실존을 재현한다.

한국영화에서 위계화된 도시 공간은 주로 다음과 같은 대비적 관계 속에 놓여 있다. 가난한 빈민들이 살아가는 '공간'이 도시의 한 축을 이루는데, 이 공간은 주로 '빈민 주거지', '공장지대', '사창굴' 혹은 '공사장' 등으로 재현된다. 이의 대척점에 '아파트'나 '고급 주택지' 혹은 '개발된 고층 건물들', 강철·기계 등으로 상징되는 이미지들이 배치된다.

가령, 〈난장이가 쏘아 올린 작은 공〉에서 난장이 가족이 사는 공간은 개발이 진행 중인 도시의 변두리 염전으로 재현된다. 허름한 판자촌을 방불케 하는 난장이의 집을 둘러싸고 멀리 전경으로 보이는 거대한 강철 크레인은 난장이의 가난한 집과 가족들의 삶을 집어 삼키는 위협적인 것으로 재현된다. 〈이 깊은 밤의 포옹〉의 주요 배경이 되는 장소는 아파트 공사 현장의 '지하실'이다. 두 남녀의 순수한 사랑이 싹트는 이 어둡고 음습한 공간은 공사 현장의 거대한 아파트 구조물과 그들을 둘러싼 거대한 도시의 고층 건물들과 극단적으로 대비된다. 〈장사의 꿈〉에 등장하는 남녀의 사랑의 공간이 밝고 화려한 도시의 뒷골목에 자리한 음란물을 생산하는 어둠의 공간이거나 도시 변두리의 허름한 셋방으로 처리되는 것도 비슷하다. 이 영화에 등장하는 화려한 아파트는 '장사'가 몸을 팔아 돈을 벌기 위해 거주하는 '아파트'라는 점에서 매우 대조적이다. 〈어둠의 자식들〉에 재현된 창녀촌이 영화의 중간중간 서울의 고층 빌딩 숲이나 번화가 거리와 대비되어 마치 울창하고 번성한 숲의 한가운데 자리한 어둠의 늪이나 함몰된 구멍처럼 처리되는 것도 이와의 연장선상에 있다. 빈민들이 거주하는 공간은 화려하고 높은 최첨단 건물의 위용을 위협하기라도 하는 것처럼 어둡고, 음습하고, 공포스럽고, 낙후된 '구멍' 혹은 '늪'의 상징으로 재현된다. 이 안에 거주하는 빈민들은 마치 해방 직후의 '혈거부족'처럼 누추하고 어두운 모습으로 도시의 주변부를 떠돈다.

영화 〈난장이가 쏘아 올린 작은 공〉　　　　영화 〈어둠의 자식들〉

　이러한 재현 방식은 영화뿐만 아니라 당대의 소설이나 드라마에서도 비슷한 양상으로 반복된다. 가령, 박완서의 소설들은 중산층으로서의 자기 정체성과 경제적 풍요·심리적 안정성을 그들이 놓여 있는 '공간'과 연관시키고 있다. "박완서의 80년대 소설에서 반복적으로 등장하는 "베란다", "반상회", "관리실", "노인정", "반상회", "포니2", "로열 박스" 등의 단어들은 주인공들이 타 계층과 구별되는 소비취향과 거주의 문화를 공유하고 있으며 서로 간의 동질적 정체성을 형성하고 있음을 보여 준다."[24] 한편, 1980년대 초반 드라마로 방영되어 선풍적인 인기를 끌었던 〈달동네〉 또한 '달동네'를 도시 빈민의 거주지로 전제하고, '아파트'로 대표되는 '공간'을 성공과 풍요로 상정하는 내러티브를 따르고 있다. "궁핍한 현실에도 불구하고 삶이 더 나아질 수 있다는 희망을 말하고 있었다는 점에서, 당시 〈달동네〉의 '달동네'는 머잖은 미래에 중산층 대열에 합류할 수 있을 것이라 희망되는 보통 사람들의 공간으로 표상되고 있었다."[25]

　그런데 당대의 소설과 드라마가 '중산층'과 '아파트'로 대변되는 도시 공간

24　오지은, 앞의 논문, 235쪽.
25　고선희, 「텔레비전 드라마의 달동네 표상」, 『대중서사연구』 25집, 2011, 10~11쪽.

을 배경으로 '경제적 풍요'와 '안정'에 기반한 중산층 판타지를 부추기고 있었던 데 반해, 한국영화는 도시의 공간적 위계 질서에 의해 주변부로 밀려난 도시 빈민층, 즉 하위 주체들의 삶에 초점을 맞추는 경향을 보인다. 이 말은 한국영화에 재현된 '도시 공간의 위계화'는 주변부의 삶을 조명함으로써, 1980년대 정권의 정책과 그에 따른 인간의 계층 상승 욕망에 대해 비판과 거리두기를 시도했다는 의미이다. 이러한 비판적 거리두기는 '공간−인간'의 관계를 새롭게 조명할 여지를 제공한다. 도시의 확장과 발전의 공간이 투사하는 권력과 근대화는 그 곁에 존재하는(혹은 그 안에 내재하는) 비천한 하위 주체들(타자들)로 인해 오염된다. 말하자면 근대화가 촉발한 발전의 공간은 거기에 침투해 있는 비천한 타자들의 절망과 죽음으로 인해 오염되고, '공간'이 내뿜는 권력의 절대적 위력이 반감되는 것이다. 영화에서 비천한 하위 주체들의 정체되고, 절망적인 삶, 불안하고 불투명한 인생은 발전의 신화 혹은 개발 독재 신화의 화려한 도시 공간과 발전의 매끄러운 시간이 사실은 허위에 불과함을 혹은 균열을 내포하고 있음을 은연중 드러낸다.

가령, 거주하는 공간의 형태가 그러하듯 도시 빈민들은 자신들의 순수한 사랑을 지켜내지 못하고 죽음과 절망에 이르고 만다.[26] 이들은 돈을 벌어서 잘 살고 싶어하지만, 경제적 안정과 풍요는 이들에게 좌절과 죽음을 가져다줄 뿐이다. 〈이 깊은 밤의 포옹〉에서 영후는 대학교를 나와 좋은 직장에 취직하는 게 꿈이지만, 돈이 없어 등록금 마련을 위해 공사 현장 야간 경비 일을 해야 한다. 매춘부인 미애를 만난 영후는 공사장 지하에 거주하면서 서울의 집들을 바라보며 그들이 들어갈 집 한 칸이 없다는 비극과 마주하게

---

26 대표적으로 〈장사의 꿈〉과 〈이 깊은 밤의 포옹〉, 〈바람 불어 좋은 날〉, 〈난장이가 쏘아 올린 작은 공〉, 〈바보선언〉 등을 들 수 있다.

된다. 거대한 공사장을 지키는 경비로 있지만, 거주지를 갖지 못한 영후의 철거부족과 같은 삶은 중산층 판타지에의 꿈과 현실의 상징인 공간이 발산하는 부조리를 선명하게 대비시켜 보여 준다. 순수했던 그들의 사랑은 미애의 죽음으로 파국으로 치닫고, 영후의 꿈은 산산조각이 나고 만다.

이러한 꿈과 현실의 부조리는 '아파트'를 비롯한 중산층의 공간을 점유하고 있는 이들에게도 전가된다. 하명중의 〈엑스〉(1983)에서 전 대학강사이자 현재 남창으로 살아가고 있는 동식은 아파트에 거주한다. 그는 유한마담들의 은밀한 섹스 파트너로 생계를 이어 가는 지식인이다. 수옥의 처지도 비슷하다. 한때 사랑하던 남자와 결혼하여 영국 유학을 꿈꾸던 엘리트 여성이던 수옥은 미군 상대 윤락녀의 딸이라는 오명 때문에 남자와 헤어지고 외국인을 대상으로 하는 윤락녀로 전락했다. 이들이 거주하는 화려한 도시의 아파트와 경제적 풍요는 허위와 가식으로 쌓아 올린 것이다. 그래서 화려한 도시의 아파트는 이들의 '고립'과 '소외'를 반영한 상징으로 의미화된다. 이들은 결국 삶의 모든 허울을 벗은 채 알몸으로 바다로 뛰어들어 죽음을 선택한다. '학력'과 '교양', '자본'을 두루 갖춘 이들이 거주하는 공간은 중산층의 판타지를 충족시켜 주지만, 결정적으로 동식과 수옥의 '매춘' 행위는 거주 공간과 인간에게 부여된 허위의 꿈을 깨트리는 주요한 쟁점이 된다.

이는 배창호의 〈적도의 꽃〉(1983)에서도 비슷한 양상으로 재현된다. 아파트 공간을 들여다보는 관음증 환자인 미스터 M의 시점으로 묘사되는 '아파트'는 오선영이라는 '정부'이자 '매춘녀'로 전락한 타락한 여성이 사는 곳으로 상정된다. 사랑을 믿지 않는 여자 선영을 바라보는 미스터 M은 마치 도시의 고독한 산책자이자 도시 문물의 부조리를 시정하는 초월자를 자처하는 강박증적인 인물이라고 할 수 있다.[27] 말하자면, 미스터 M이나 선영이나 '비정상'의 인물인 셈이다. 화려한 중산층 판타지의 상징인 아파트를 채우고 있는 이들 비정상인들의 소외와 관음증, 불신, 자살 등은 모두 당대 도시적 실존의 부조리를 드러내는 키워드들인 셈이다. 동시에 미스터 M이나 오선영은 아파트를 점유하고 있기는 하지만 가족이나 돈 많은 남자들에게 기생하면서 살아가는 인물로 재현되어 있다는 점에서, 그들이 거주하는 아파트는 안정과 풍요의 상징이 아니라 가식과 허위의 공간으로 의미 전환된다. 역으로 말하자면 이들 비루하고 비천한 타자들은 근대화의 공간을 점거하면서 발전의 시간을 정지시키고 오염시키는 존재들이다. 가령, 〈적도의 꽃〉 처음과 마지막을 장식하는 '지평선'은 뿌연 안개에 싸여 열기를 뿜어내는 후경화된 근대의 풍경들과 사막처럼 황폐하게 전경화된 '길'을 가르면서 저 멀리 보이는 도시의 화려한 풍경과 그 안의 미스터 M와 선영과 같은 삶을 마치 '신기루'처럼 모호하고 부정적이며 비현실적인 허위의 것으로 상징화한다.

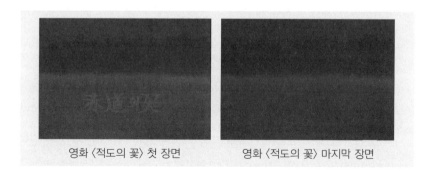

영화 〈적도의 꽃〉 첫 장면　　　　영화 〈적도의 꽃〉 마지막 장면

---

27 영화에서 미스터 M은 남자들에게 쉽게 몸을 주는 선영의 육체를 관리하고 정화하는 강박관념에 사로잡힌 관음증자로 재현된다. 미스터 M은 선영에게 "너의 타락한 욕망을 씻어내"라고 명령하면서 그녀의 육체를 함부로 정화시키려고 한다. 미스터 M의 '사랑'은 정신적으로 순결한 사랑이라기보다는 "살, 살의 죄악"(미셸 푸코, 박정자 역, 『비정상인들』, 동문선, 1999, 225쪽), 즉 '육체적 타락'을 응징하고 죄를 묻는 고압적이고 남성 가부장적인 처벌의 감정과 논리에 기반해 있다. 그리고 그것이 선영에 대한 강박적인 집착으로 연결되어 있다는 점에서 비정상적이다.

이렇듯 하위 주체들의 공간과 중산층의 공간은 모두 소외와 죽음, 절망 등의 부정적인 이미지로 전환된다. 동시에 이 두 공간을 점유하고 있는 인간들은 모두 하위 주체의 정체성을 지니고 있다는 점에서 동질적이다. 아파트를 비롯한 안정되고 풍요로운 공간을 점유한 인간들마저 사실은 보잘 것 없고, 불행한 삶을 살고 있다는 점에서 두 도시 공간은 의미상으로 동질성을 확보하게 되는 것이다. 박철수의 〈안개기둥〉(1986)에서도 이러한 점을 발견할 수 있다. 방송사 앵커와 대기업 직원으로 구성된 중산층 가정의 파탄과 내적 갈등을 묘사하는 이 영화에서 화려한 단독 주택에서 살던 내가 남편과 이혼한 후 경제적인 곤란 속에서 외롭게 살아가는 공간이 바로 '아파트'로 상정된다. 겉으로 보기에 화려한 도시의 상징은 이렇듯 도시의 안정성에서 주변부로 밀려나는 하위 주체들의 점거 공간이 되고, 이 안에 거주하는 인물들의 실존은 도시 빈민촌에서 전전하면서 살아가는 하위 주체들의 비루하고 비참한 삶과 겹쳐지게 된다.

　이렇게 볼 때, 사실상 도시의 위계화된 두 공간과 그 안의 인물들은 상대적이고 관계적인 상황에 놓여 있다. 도시의 위계화된 공간은 경제적 조건에 기반한 권력의 관계 속에 놓여 있으면서도 그 공간을 점유하고 있는 인간의 실존적 삶에 기반했을 때는 동질성을 확보하고 있다는 점에서 그러하다.

　무엇보다 이러한 도시의 두 위계 공간의 설정과 삶의 재현은 개발 신화의 상징인 도시 공간의 권력과 거기에 수반되는 발전의 패러다임에 균열을 가하고 시대를 통어하는 폭력적인 근대화를 비판하는 의미를 지닌다.

4. '성'과 '자본'으로 채워진 도시 공간

　도시의 공간은 '성'과 '자본'의 역학 관계 속에서 형성된다. 도시로 상경한 사람들에게 가장 절실한 것은 무엇보다 '거주지', 즉 '공간'의 안정성을 획득하는 일이다. 다만, 1980년대에 이르러 도시 재개발과 아파트의 투기 바람이 일면서 거주 공간에 대한 소망 실현이 점차 어려워지게 되었고, 가장 원초적인 자원인 자기 '신체'로 생계를 유지해야 하는 도시의 하위 주체들은 '육체'를 자본화하는 데 익숙해지게 마련이었다. 한국영화에 재현된 '육체 자본'은 1980년대 정부의 '3S' 정책을 효과적으로 활용함과 동시에 정책이 내세운 '개발주의'의 모순을 폭로함으로써 '도시'와 '육체', '자본' 간의 부조리한 공모 관계와 그로부터 파생된 부작용들을 드러내었다.

1980년대 영화에서 '성'과 '자본' 그리고 '도시 공간'의 부조리한 공모 관계는 다음의 양상으로 재현되면서 서로 상호 교섭한다.

우선, '자본'과 '성'의 결탁이 '도시 공간'의 확보와 관련된 경우이다. 이는 자본과 성을 통해서 도시의 자기 공간을 확보하고 삶의 안정성을 획득하려는 '상승' 욕망과 연결되어 있다. 김수용의 〈도시로 간 처녀〉(1981)에서 충격적으로 재현된 마지막 자살 장면은 이러한 상승 욕망과 부합된다. 성실하게 일해서 도시의 안정된 삶을 살고자 한 순박한 시골 소녀 문희는 버스 안내양으로 일하며 돈을 벌기 위해 애쓴다. 그러나 안내양이 돈을 중간에서 가로챈다는 이유로 성적 괴롭힘을 당하는 것에 분개한 문희가 결국 자살을 택함으로써 그녀의 꿈은 결국 산산조각이 나 버리고 만다. 〈난장이가 쏘아 올린 작은 공〉에서 영희는 개발회사의 남자에게 몸을 팔아 아파트 입주권을 획득하는 데 성공한다. 영희의 이와 같은 행위는 도시의 거주 공간을 획득하기 위해 '육체' 자본을 적극 활용한 사례에 해당한다. 영희의 행위는 성애적이라기보다는 '자본'과 '공간'을 획득하기 위한 상승 욕망에 가깝다. 〈어둠의 자식들〉에서 영애는 우여곡절 끝에 도시의 가장 밑바닥인 윤락촌에 정착하게 된다. 그녀가 윤락촌에 정착한 계기는 배고픔을 해결하고 거주할 공간을 갖기 위해서였다. 시골에서 부푼 꿈을 안고 상경했지만, 결국 의지할 데 없이 밤거리를 전전하던 그녀가 선택한 최후의 방법이 매춘이었다. 따라서 '매춘'은 그녀의 생계 수단이자 안전한 도시의 거주지를 확보하기 위한 중요한 수단인 셈이다. '난민'과도 같은 비참한 거리의 생활을 청산하고 '집'과 '거주지', '도시 정착'의 절박한 필요를 성취하기 위한 밑천은 '육체'이며 이 '육체'를 '자본' 삼아 거래함으로써 '공간'을 확보하는 것이 가능해진다.

〈장사의 꿈〉에서 '장군'과 '애자'가 도시의 거주지를 확보하기 위해 선택한 방법도 '성'과 '자본'의 결탁 관계 속으로 진입하는 것이었다. 장군은 시골에서는 씨름 장수로 힘을 자랑하는 순박한 청년이었지만 도시로 상경한 후에는 몸을 팔아 살아간다. 그는 애로배우에서 남창으로 변화해 가는 과정을 밟으며 도시의 뒷골목에서 아파트로 장소를 옮긴다. 애자는 시골에서 물질하던 해녀였지만, 도시로 와서 애로 배우가 되어 생계를 유지하는 비참한 상황에 처하게 된다. "여기서는 모든 게 상품"이라고 말하는 그녀에게 도시에서 자리잡는 데 가장 중요한 것으로 작용한 것은 육체였다. 〈이 깊은 밤의 포옹〉에서 매춘녀 미애는 영후와의 안락한 공간 마련을 위해서 자신의 몸을 이용해 남자들에게 돈을 갈취한다. "거리의 남자들은 모두 나를 생선처럼 먹으려고만 들었다."는 말을 통해서 알 수 있다시피 그녀는 거리의 생선으로, 소비되는 상품으로서 거주지 없이 떠도는 도시의 난민 신세였다. 그러나 자신을 여자로 봐 준 유일한 남자 영후와의 삶을 위해서 그녀는 임신한 자기 몸을 이용해 그동안 만난 남자들에게 돈을 갈취한다.

영화 〈장사의 꿈〉   영화 〈난장이가 쏘아 올린 작은 공〉

위의 첫 번째 장면은 〈장사의 꿈〉에서 애자가 자신의 과거를 말하는 와중에 꿈꾼 내용을 재현한 부분이다. 이 장면에서 발가벗은 채 도시로 뛰어가는 모습은 그녀의 날 것 그대로의 육체적 '순수성'과 '비천함'의 모순성을 동시적으로 표현한다. 비천하지만 순수한 육체를 지닌 그녀는 도시로 향해 내달리면서, 자신의 도시에서의 정착을 꿈꾼다. 그녀가 뛰어가면서 바라보는 도시는 도달하고자 하는 욕망의 공간이다.

두 번째 장면은 〈난장이가 쏘아 올린 작은 공〉의 마지막 부분이다. 영희가 몸을 팔아서 입주권을 가지고 돌아온 후, 죽은 아버지와 대면하고 난 뒤 이들은 폐허가 된 집을 떠난다. 장면 속에서 이들이 향하는 곳은 어둠을 벗어난 빛의 장소로 재현된다. 마치 영희가 육체의 거래로 획득한 입주권이 이들 가족의 삶을 구원하는 한줄기 빛인 것처럼 말이다.

그러나 이러한 '상승'에의 욕망과 연결된 '성'과 '자본'의 결탁은 결과적으로 도시의 빈민층을 이루는 이들의 실존을 위협하고 그들의 삶을 하강 국면으로 내모는 데 결정적 요인으로 작용한다. '성'과 '자본'에 결탁된 인물들은 모두 도시의 안락한 거주지를 확보하는 듯 보이지만 결과적으로 일시적으로 점유한 그 공간에서마저 죽음을 맞이하거나 밀려 남으로써 도시의 '난민'과도 같은 불안정한 실존의 현실을 그대로 체현하기 때문이다.

육체를 팔아서 거주했던 도시는 삭막하고 불행한 일상을 제공한다. 〈엑스〉에서 남창과 매춘녀로 살아가던 수옥과 동식은 그들이 거주했던 도시의 공간을 벗어나 바다로 간다. "세상에서 얻은 건 모두 돌려주고 가자"고 외치며 발가벗은 채 바다로 뛰어든 이들의 모습을 통해서 '죽음'과 '정화'의 의미가 겹쳐지는 것을 확인할 수 있다. 이는 '도시'의 공간과 '성', '자본'의 결탁이 가져온 온갖 부조리와 추함을 반추케 한다. 동시에 도시 공간의 부조리를 온몸으로 체현한 인물들의 '죽음'을 전면화함으로써, 영화는 당대의 도시적 실존과 공간에 드리운 모순을 비판적으로 인식하는 계기를 마련한다.

〈적도의 꽃〉에서 재현된 오선영의 자살도 마찬가지이다. 미스터 M의 윤리적 처벌과 영원한 사랑에 대한 회의로부터 초래된 선영의 죽음은 그녀가 점유하던 아파트의 공간을 '죽음'의 공간으로, 또한 '죽음'을 '정화'의 이미지로 변화시킨다. 그녀는 자신의 오욕의 삶을 청산하기 위한 방법으로서 그렇게 윤리적으로 처벌된다. 이로써 도시를 기반으로 살아가던 오선영의 삶과 그녀의 '아파트' 공간은 도시적 부조리와 타락의 공간으로서 재확인되고, 선영의 죽음은 도시적 삶의 부조리를 드러내는 하나의 형식이 된다.

육체적 성을 매개로 도시에 정착하고자 했던 이들 비천한 인물들이 결과적으로 '죽음'을 통해 도시의 공간 밖으로 밀려남으로써, 도시는 '죽음'의 이미지로 대체된다. 이렇듯 1980년대 도시 공간은 표면적으로는 화려한 성공과 부의 표상으로 군림하지만, 실제적으로는 '죽음'과 '절망'의 부정적 현실을 감추고 있다는 점에서 부조리하다. 1980년대 한국영화는 이러한 도시 공간의 디스토피아적 구성이 '성'과 '자본'의 결탁에서 비롯되었다는 점을 날카롭게 지적하고 있는 것이다.

5. 도시의 공간적 사유와 1980년대 한국영화의 위상

1980년대 전두환 정권의 대두와 정책 기조는 '개발 신화'에 기반한 근대화의 완성에 있었다. 86년 아시안 게임과 88년 서울 올림픽 개최는 정권의 개발 신화를 가장 극적으로 재현한 스펙터클이었다. 박정희의 근대화 프로젝트를 이어받으면서 전두환 정권의 정체성을 확립하기 위한 개발 신화는 전 국민을 경제적 성공과 부의 욕망 속으로 빨려 들어가게 만들었다. 1980년대 초중반은 전두환 정권의 정책을 가장 효과적으로 실천할 수 있는 시기였다. 대중 문화의 첨병으로 군림해 왔던 한국영화에도 이러한 정책 변화의 양상은 직·간접적인 영향을 미칠 수밖에 없었다.

이 글은 전두환 정권의 정책 변화 속에서 한국영화의 '도시 공간' 분석을 시도했다. 그 이유는 1980년대 초중반 한국영화의 '도시 공간'이 '개발 신화'에 편승한 정권의 변화 양상을 민감하게 반영하고 있다고 판단했기 때문이다. 도시 공간 분석은 '농촌'에서 '도시'로 밀려든 도시 빈민들의 삶과 연루되어 '도시화'와 '도시 빈민', 이에 얽힌 당대 도시적 삶의 일단을 문화적으로 가늠하는 기준이 될 뿐만 아니라, 영화가 보여 주는 대중 문화적 역할과 의미를 탐색하는 방법이 된다는 점에서 유의미하다.

1980년대 개발 신화의 근본 요인은 '자본'이었다. '자본'과 결탁된 부동산 투기 열풍과 대규모 아파트 단지의 개발 그리고 거대 도시화는 도시를 '성공'과 '부'의 상징으로 혹은 '권력'의 상징으로 군림하게 하는 근본적인 요인으로 작용했다. 1980년대 초중반 영화는 변화하는 당대의 이러한 움직임을 민감하게 포착했다. 영화 속에 어김 없이 등장하는 아파트나 근대화의 표상으로 군림하는 강철·기계 등의 시각적 스펙터클, 그것을 배경으로 살아가는 인물들은 '권력'과 '성공' 신화 그리고 '죽음'과 '절망'의 양자 사이에서 극단적인 양상으로 재현된다.

특징적인 것은 1980년대 한국영화의 '도시 공간'은 정권의 개발 신화를 손쉽게 승인하거나 적극적으로 수용하는 양상을 띠지 않는다는 점이다. 이는 개발 신화의 상징으로 재현되는 아파트나 화려한 도시 전경 혹은 강철과 기계 등과 대비되어 재현되는 빈민촌이나 창녀촌 등의 관계 설정 속에서 확인할 수 있다. 도시의 화려한 건축물들과 아파트 그리고 강철 크레인 등이 도시로 밀려든 혹은 도시화 속에서 살아가는 보잘 것 없는 인간들에게 '중산층 판타지'를 비롯한 '권력'과 '성공', '부'에 대한 욕망을 자극하는 것은 사실이다.

그러나 '권력'의 상징적 대체물로 기능하는 '도시' 공간은 화려한 이면에 도사리고 있는 빈민촌이나 창녀촌 등을 점거하고 있는 비천한 타자들로 오염된 허위의 장소로 치환된다. 화려한 도시의 한 켠을 차지하고 있는 어둠의 장소로 설정된 하위 주체들의 공간은 개발 신화로 쌓아 올려진 도시의 신화적 의미에 도전한다. 가령, 비천한 하위 주체들이 신화화된 중산층의 공간인 아파트를 빈민의 '성애화된 공간' 혹은 '죽음'의 공간으로 뒤바꿈으로써, 개발 신화가 배태하고 있던 발전의 시간 혹은 신화적인 화려한 공간은 오염되고 만다. 1980년대 초중반 〈바람 불어 좋은 날〉과 같은 리얼리즘 계열의 영화나 〈장사의 꿈〉, 〈난장이가 쏘아 올린 작은 공〉과 같은 원작 소설을 영화화한 작품들 뿐만 아니라 작품성을 충분히 인정받지 못한 〈이 깊은 밤의 포옹〉과 같은 일련의 영화들 속에도 정도의 차이가 있을 뿐, 이러한 재현 양상이 반복 재생산되고 있다.

이러한 도시 공간이 내포하고 있는 부조리는 '성'과 '자본'의 결탁 관계 속에서 발생한다. 1980년대 한국영화에서는 '육체'를 매개로 하여 '거리'의 상품으로 전락하는 하위 주체들의 도시적 삶을 보여 주기도 한다. 도시 난민으로 전락한 이들의 '육체'는 '공간'의 확보에 결탁되는 순간, '자본'의 수단으로 전락한다. '에로티시즘'에 경도된 당대의 한국영화를 단순히 저급한 육체적 향락의 상품이 아닌, 당대의 '도시화'와 '공간' 확보의 문제와 결탁된 '실존적 쟁점'으로 평가해야 할 소지가 있다는 것이다. 도시로 이주한 비천한 타자들이 '육체'를 거래로 '도시'의 '거점'을 확보하고자 하지만, 결과적으로 '죽음'을 통해 도시 밖으로 밀려날 수밖에 없는 과정은 당대 '도시'를 겉은 화려하지만 실제로는 추함을 내포한 부조리한 공간으로 규정하는 과정이기도 하다.

이러한 점들을 감안하면, '에로티시즘'에의 과도한 치중 속에서 그동안 제대로 평가받지 못했던 1980년대 초중반의 한국영화를 '성애화'와 '통속성'의 논란에도 불구에도 새롭게 의미화해야 할 필요성이 제기된다. '도시 공간'에 대한 분석은 당대 영화를 개발 신화와 중산층 판타지의 부조리를 파헤치는 중요한 텍스트로서 자리매김하고, 그동안 제대로 조명받지 못한 여타 다양한 작품들을 새롭게 재평가해야 할 과제를 던져 주고 있는 것이다.

참고문헌

[단행본]

강준만, 『한국 현대사 산책-1980년대편』 1권, 인물과사상사, 2014.

_____, 『한국 현대사 산책-1980년대편』 3권, 인물과사상사, 2014.

권보드래 외, 『박정희 모더니즘-유신에서 선데이 서울까지』, 천년의상상, 2015.

김미현, 『한국 영화 역사』, 커뮤니케이션북스, 2014.

김민수, 「한국 도시 이미지와 정체성」, 서울시립대학교 도시인문학연구소 엮음, 『도시 공간의 이미지와 상상력』, 메이데이, 2010.

미셸 푸코, 박정자 역, 『비정상인들』, 동문선, 1999.

미셸 푸코, 오트르망 역, 『안전, 영토, 인구』, 난장, 2012.

미셸 푸코, 이상길 역, 『헤테로토피아』, 문학과지성사, 2014.

슬라보예 지젝, 이수련 역, 『이데올로기라는 숭고한 대상』, 인간사랑, 2002.

앙리 르페브르, 양영란 역, 『공간의 생산』, 에코, 2014.

이진경, 나병철 역, 『서비스 이코노미』, 소명출판, 2015.

[학술논문]

고선희, 「텔레비전 드라마의 달동네 표상」, 『대중서사연구』 25집, 2011.

김선엽, 「1980년대 한국영화에 등장한 포스트식민주의적 혼종성」, 『영화연구』 28호, 2005.

김윤아, 「80년대 한국영화의 장르 추세 연구」, 『영화연구』 17호, 2001.

김정환, 「1980년대 영화의 정당화 과정으로서의 기회구조 분석-민중문화 운동과 영화 시장 개방을 중심으로」, 『한국콘텐츠학회논문지』 13집, 2013.

김현철, 「여성노동자를 둘러싼 스크린의 정치: 1960~80년대 영화 속 여공과 여차장, 식모와 다방레지」, 『여성연구논총』 28집, 2013.

노지승, 「남성 주체의 분열과 재건, 1980년대 에로영화에서의 남성성」, 『여성문학연구』 30집, 2013.

문근종, 「1950~80년대 한국영화에 드러난 여성 주거 공간으로서의 아파트 연구」, 『디자인융복합연구』 14집, 2015.

서대정, 「'변환기' 혹은 '모색기'에 대한 반성적 고찰–1980년대 리얼리즘 영화를 중심으로」, 『현대영화연구』 6호, 2008.

석혜준, 「인구주택총조사 결과로 본 한국의 인구 및 주택과 그 특징」, 『LHI archives』 5집, 2011.

손정목, 「한국도시화에 있어 80년대의 의미」, 『도시문제』 125집, 1977.

오지은, 「1980년대 박완서 단편 소설에 나타난 중산층의 존재방식과 윤리」, 『민족문학사연구』 50집, 2012.

이현진, 「1980년대 성애영화 재평가를 위한 소고」, 『현대영화연구』 18호, 2014.

장세훈, 「도시화, 국가 그리고 도시 빈민–서울시의 무허가 정착지 철거 정비 정책을 중심으로」, 『사회와역사』 14집, 1988.

[기타]

국토해양부, 「국민 91% 도시지역 거주, "도시화 안정기": 2011년 도시계획현황 통계」, 2012 보도자료.

1980년대 이장호 감독의 영화에 재현된 터전의 상실과 혼성적 공간*

장우진

박경리 : 우리는 빈곤을 무서워할 게 아니라 우리 터전이 없어진다는 걸 더 두려워해야 돼요.

조세희 : 한국에서 개발이라고 하는 것의 상당수는 이미 개발이 아닙니다.
그건 다른 이름, 정확히 말하자면 파괴라고 불려야 할 것들이지요.[1]

1. 1980년대의 터전에 대한 위기감

1960년대 초반 경제개발5개년계획이 시행되기 시작하면서부터 서울을 중심으로 하는 도시화 과정이 급속도로 진행되었다. 1960~80년 사이에 서울(수도권)의 인구는 2,445,402명(5,194,167명)에서 8,350,616명(13,280,951명)으로 약 341%(약 256%) 증가하였다. 이 수치를 전국 인구대비 인구 비중의 변화로 환산하면, 서울은 9.8%에서 22.3%로 12.5% 포인트가 증가하고 수도권 전체는 20.8%에서 35.5%로 14.7% 포인트가 증가한 것으로 확인된다.[2] 이 수치들은 서울(수도권)의 인구가 증가하면서 동시에 전국 인구대비

---

* 이 글은 『현대영화연구』 24호(2016년 7월, 7~42쪽)에 실린 논문을 수정 · 보완한 것임.

1   조세희 · 박경리, 〈['상생(相生)의 문화'를 찾아서 - 작가 박경리에게 듣는다] 빈곤보다 두려운 것은 터전의 상실이다〉, 《당대비평》 6호, 생각의나무, 1993, 268쪽.

2   이 수치들은 서울연구데이터서비스의 통계 자료를 참고한 것이다. http://data.si.re.kr/node/117 (검색일: 2016.06.08.)

서울(수도권)의 인구 비중도 함께 증가했음을 보여준다. 이것이 의미하는 바는, 서울 및 수도권 지역의 인구 증가가 출산 증가에 따른 자연발생적인 것이라기보다 지역 간 인구 이동에 기인한 바가 크다는 점이다.

서울로 대규모 인구가 유입되면서[3] 이들을 위한 주택, 직장, 기타 기반 시설 등이 들어설 공간이 부족해졌다.[4] 그와 더불어 서울의 시가지는 구도심이었던 사대문 내에서 그 밖으로 확산될 필요성이 대두되었다. 그 결과, 1960-70년대에는 구획정리방법을 채택했던 도시개발정책이 1980년대에 들어서면서 주택공사와 토지개발공사 등 공공기관이 주도하는 공영개발방식으로 전환되었고,[5] 거대도시로 발전해간 서울은 도심의 기능을 외곽 주요 지역으로 분산시키는 다핵화 정책을 추진하게 되었다.[6] 그런데, 서울시 도심 재개발에 내재한 정치·경제적 논리를 규명한 박선미에 따르면, 자본과 국가가 깊숙이 개입한 서울시 도심 재개발은 정치적 합법성이나 사회적 재분배 또는 도시의 불량주택문제를 해결하는 것을 목적으로 한 게 아니다.[7] 그녀는 자본의 축적과정에서 필연적으로 발생한 노동/자본 간의 위기가 공간의 재구조화를 토대로 하여 안정성을 획득한다는 점을 지적하면서, 자본의 논리가 반영된 서울의 도심 재개발[8]은 불황국면의 초기양상을 보이던

---

3 1982-85년 서울(경기) 지역의 주택건설실적이 213,264호(163,793호), 1986-1990년의 주택건설실적이 436,960호(437,331호)에 달할 정도로 서울대도시권에 인구 집중이 심화되고 있었다. 박제인·장훈·김지소, 「서울대도시권 인구집중의 공간적 연관성 연구」, 『대한토목학회논문집 D』 28호 3D권, 2008, 393-394쪽.

4 최근희, 「도시공간경제구조의 변화와 도시개발정책에 관한 연구 : 서울시는 후기산업도시(1981-1996)?」, 『도시행정학보』 12호, 1999, 76쪽.

5 위의 논문, 90쪽.

6 이우형·김영욱, 「서울의 도시공간구조와 기능의 변천에 관한 연구 : Space Syntax를 이용한 공간구조 분석을 중심으로」, 『한국도시설계학회지』 3호 1권, 2001, 44쪽.

7 박선미, 「도시공간의 변화에 내재한 정치·경제적 논리의 규명 : 서울시 도심 재개발을 대상으로」, 『대한지리학회지』 28호 3권, 1993, 216쪽.

1980년대 초에 본격화되어 도심 공동화현상 및 주변지역의 지가 상승을 이끌었다고 주장했다.[9]

결국 지방으로부터 서울로의 인구 이동, 자본과 국가가 개입한 도시개발 정책과 도심 공동화 등으로 인해 도시 빈민층을 형성하는 다양한 주체들은 삶의 터전을 상실함으로써 생계/생활의 위기감을 경험하는 상황에 직면하게 되었다. 이들 주체는 주로 시골에서 상경한 서울 도심의 빈민층이거나 도심 외곽 재개발 지역의 거주민들이었다. 물론 이들이 느끼는 생계/생활의 위기 감에는 도시 문명의 발달에 따른 배금주의와 향락주의의 만연도 크게 작용했을 것으로 보인다. 그러나 1980년대의 터전 상실에 대한 위기감은 어쩌면 도시 빈민만의 문제가 아니었다. 1980년 광주미국문화원방화사건, 1982년 부산미국문화원방화사건, 1983년 레이건 미국 대통령 방한 반대 시위, 1985년 서울미국문화원점거농성사건 등이 말해 주듯이, 이 시기는 반미자주의식 이 함께 고양된 시기이기도 했다.[10] 미군이 광주민주항쟁 당시 군부의 학살을 묵인하거나 협조한 것이 밝혀지면서 대두된 이 시대적 정서는, 미국(외부 세력)에 의해 속국으로 전락한 민족적 터전에 대한 위기감의 발로였다. 그러므로 1980년대의 터전에 대한 위기감은 개인으로부터 민족에 걸쳐 만연해 있던 위기감이라 할 수 있다.

---

8 "정부개입이 거의 없이 시장원리에 따라 성장하는 도시가 있는 반면 정부의 정책적 개입을 통해 발전하는 도시가 존재한다. 서울시는 당연히 후자의 경우에 해당한다." 최근희, 앞의 논문, 76쪽.

9 박선미, 앞의 논문, 215, 224쪽.

10 이상에 대한 것은 민주화운동기념사업회의 오픈 아카이브에서 자료를 확인할 수 있다. http://archives.kdemo.or.kr/main (검색일: 2016.06.08.)

2. 터전의 상실과 주체의 위기감

'터전'은 '집터가 되는 땅', '자리를 잡은 곳', '살림의 근거지가 되는 곳', '일의 토대' 등의 의미를 갖는 명사이다.[11] 그것은 일차적으로 생계와 생활의 기초가 되는 땅을 의미하지만, 그 의미는 생명 존립을 위한 기본적인 소유와 재화, 가치, 그리고 권리를 포함하는 것까지 더 나아갈 수 있다.

이장호 감독의 1980년대 영화는 다양한 차원에 걸쳐 터전 상실의 상황을 다룬다. 그렇지만 1980년대 초반 작품과 1980년대 중반 이후 작품이 다루는 터전 상실의 문제는 서로 다르다. 이 차이는 각 작품이 제작된 당대의 사회, 경제, 정치, 문화적 상황과 밀접한 관련이 있는 것으로 보인다.

정혜숙과 김혜순에 따르면, "삶의 터전이 되는 가장 최소한의 단위는 주거 공간이며 가정이다."[12] 1980년대 초반 이장호의 작품들에서, 주체가 상실한 터전은 생활의 기초가 되는 땅(촌)과 인간적 삶의 기초가 되는 가정으로 제시된다.

〈바람 불어 좋은 날〉(1980)은 도시 개발이 진행 중인 도심 외곽 지역의 도시 빈민들에 대한 이야기가 주를 이룬다. 세 주인공을 포함한 이들 대부분은 자신들의 터전이었던 시골을 떠나온 사람들이다. 그런데 터전을 떠나온 이들에게는 서울에서 가정을 꾸리지 못한 삶을 살고 있다는 또 다른 공통점이 존재한다. 중국집에서 일하는 조 씨는 총각 행세를 하여 한몫 잡으려고 처자식과 따로 살고 있으며, 순태는 엄마가 그를 버리고 도망을 쳐서 홀로 남은 경우이다. 그나마 가족끼리 같이 사는 경우는 춘식과 춘순 남매인데, 실상 그것은

---

11 국립국어원 표준국어대사전 참조. http://stdweb2.korean.go.kr/search/List_dic.jsp (검색일: 2016.06.08.)
12 정혜숙·김혜순, 「생활 터전으로서의 지역 – 생애사와 지역연구의 통합적인 연구방법의 모색과 활용」, 『한국사회학회 사회학대회 논문집』, 2004, 688쪽.

어머니의 재혼으로 춘순이 어머니를 떠날 수밖에 없었기 때문에 발생한 일이다. 다시 말해, 이들이 함께 사는 것은 가족 해체의 결과일 뿐이다.

이 영화가 주목하는 또 다른 터전의 상실은 도시 개발로 인해 발생한 '촌'의 몰락이다. 이 몰락을 알레고리화한 것이 절규하는 노인이다. 그는 농사짓던 자신의 땅을 내놓으라며 밤마다 울부짖는다. 그 노인을 업고 다니는 사내에 따르면, 몇 해 전만해도 사람들이 모여 살며 돈도 많고 인심도 좋았던 '촌'이었는데, 그것을 죄다 억울하게 잃어버렸다는 것이다. 한 집에 살며 서로를 위하는 게 '가족'이라는 단위라면, 한 마을에 모여 살며 인심을 나누는 '촌'이라는 단위를 가족의 확장된 개념으로 파악하는 것도 가능할 것이다. 이 경우, 촌의 몰락에는 공간 개념과 공동체 개념의 동시적 몰락이 내포되어 있다고 보아도 좋을 것이다.

〈어둠의 자식들〉(1981)은 사창가 여인들의 이야기를 주로 다룬다. 이들 역시 대부분 시골을 떠나온 사람들로서 제대로 가정을 꾸리며 살지 못 한다는 공통점이 있다. 경심은 잠시 용구와의 결혼을 꿈꾼다. 하지만, 용구가 혼사를 위해 시골로 내려갈 결심을 하면서 결과적으로 그 꿈은 좌절된다. 정혜숙과 김혜순에 따르면, "가정의 생계를 위해 다양한 전략들을 사용하면서 가정을 유지하고" "삶의 터전을 유지하는 데 핵심적 역할을" 수행하는 사람은 어머니인데,[13] 이 영화에서 어머니인 화숙과 영애는 모두 가정을 지키는 데 별 힘을 발휘하지 못 한다. 화숙에게는 아영이라는 딸이 있지만, 그녀는 그 아이를 제대로 돌보지 못 하고 결국 죽는다. 영애 역시 치료비를 마련하지 못 해 딸 미현을 살리지 못 한다. 나중에 영애는 화숙의 딸을 데려다 키우며 새 가정을 꾸리려 시도하지만 이 시도 역시 결과적으로 실패하고 만다. 이

---

13 위의 논문, 같은 쪽.

실패는 생계비를 마련하지 못 하는 영애의 무능에서 비롯한 것이 아니다. 아영을 데리고 나온 영애가 억척스럽게 장사하는 장면에서 확인할 수 있듯이, 그녀에게는 오히려 생계를 해결하고 가정을 꾸려나가기에 충분한 역량이 있어 보인다. 하지만 그런 그녀를 좌절시키는 것은 촌의 공동체적 가치를 상실한 도시의 삭막함, 그리고 창녀를 사회의 암적 존재로 간주하는 아동위원의 배척이다. 영화 속에서 영애에게 잠시 가정이 허용되는 때는 그녀가 유랑 악극단 일원으로 전국을 떠돌면서 그나마 촌에 머물러 있을 때뿐이다.

이렇듯 〈바람 불어 좋은 날〉과 〈어둠의 자식들〉이 다루는 도시 빈민들의 삶은 그들의 생활공간이었던 촌을 잃어버린 것과 동시에 가정을 형성하거나 유지하지 못 하는 터전 상실의 문제에 직면해 있다. 그것의 근본적인 이유는 아마도 시골에서 도시로의 이주일 것이지만, 이 영화들은 그것만으로 터전 상실에 대한 모든 것을 설명하지는 않는다. 〈바람 불어 좋은 날〉에서는 공공 주도 도시 개발을, 〈어둠의 자식들〉에서는 아동위원으로 대표되는 국가 제도의 개입을 등장시키기 때문이다. 따라서 1980년대 초반 촌과 가정이라는 토대 상실이 한편으로는 국가 공권력의 명백한 침해로부터 기인한다는 영화의 문제의식을 확인할 수 있다. 이것은 사회와 역사에 대해 고민하고 영화를 통해 현실을 성찰하고자 했던 이장호 감독의 리얼리즘적 지향을 잘 드러낸다. 익히 알려져 있듯이, 1975년 말에 대마초 흡연사건에 걸려 감독 활동을 중단하게 된 이장호는, 1980년에 〈바람 불어 좋은 날〉로 복귀하기 전까지 자숙 기간을 거치면서 점차 사회적 현실에 눈을 떠갔다.[14] 이것은 이장호 개인의 어떤 특별함 때문이라기보다, 이연호의 표현을 빌자면, 리얼리즘에 대한 믿음을 시대정신이자 부동의 미학으로 받아들였던 1980년대 청년

---

14 김영진, 『이장호 VS 배창호』, 한국영상자료원, 2008, 43쪽.

정신의 발현으로 보아야 할 것이다.[15]

사실 1974년 작 〈별들의 고향〉에서도 주인공은 시골에서 상경한 젊은 남녀이며 그들 역시 가정을 이루지 못 하기는 마찬가지다. 하지만 1980년대 초반 작품들에는 〈별들의 고향〉이 보여주었던 도시에 대한 매혹이 보이지 않는다. 〈별들의 고향〉에서 도시는 욕망이 투사되는 공간이다. 서울의 파노라마 경관으로 시작하는 이 영화의 도입부에서, 경아는 다양한 진열상품을 욕망하는 도시의 산책자로 묘사된다. 또한 도시는 경아에게 신기한 대상이기도 하다. 도시 문명의 하나로 대표되는 아파트를 처음 방문하는 장면에서, 경아는 양변기를 보고 놀라고 신기해한다. 여기서 양변기는 서구화된 도시 문명의 아이콘인 셈이다. 하지만 〈바람 불어 좋은 날〉이나 〈어둠의 자식들〉에서 도시나 도시를 대표하는 그 어떤 대상도 더 이상 신기하거나 낯선 것으로 제시되지 않는다. 오히려 도시는 생계와 생존의 문제가 절박한 삶의 공간일 뿐이다. 〈별들의 고향〉의 경아가 도시의 산책자로 제시되어 도시 공간을 활보하는 것과 달리, 〈어둠의 자식들〉의 영애는 서울에서 갈 곳 없는 부랑자로 제시된다. 남편이 수감되고 아이가 죽자, 시골을 떠돌며 살았던 영애는 밤기차를 타고 서울로 올라온다. 서울의 그 어떤 화려한 불빛과 빌딩도 그녀에게 매혹적인 볼거리가 되지 못 한다. 이 낯선 곳에서 그녀는 거리에서 처음 만난 늙은 포주에게 배가 고프다며 돈을 벌게 해 달라고 요청한다. 이 장면에서 "어디로 갈거나, 어디로 갈거나…"라고 흘러나오는 배경음악은 그녀가 서울이라는 도시 공간에서 맞이한 터전 상실의 상황을 노골적으로 드러낸다.

〈별들의 고향〉에서는 또한 도시에 대한 환멸의 정서가 뚜렷하다. 영화 앞부분, 문호가 병원 가는 길을 보여주는 장면에서 문호는 도시의 또 다른 아

---

15 김미현 책임편집, 『한국영화사—開化期에서 開花期까지』, 커뮤니케이션북스, 2006, 268쪽.

이콘인 육교를 오르면서 기침을 하고 괴로워한다. 이 때 영화는 군중들의 모습과 함께 시끄러운 도시 소음을 들려준다. 이 도시 소음의 시끄러움은 문호가 도시에 대해 느끼는 거부감과 이질감을 표현한다. 중요한 것은, 이 영화에서 시골은, 문호가 낙향하는 스토리에서 확인할 수 있듯이, 도시에 환멸을 느낀 주인공이 나중에 되돌아갈 공간으로 제시된다는 점이다. 하지만 〈바람 불어 좋은 날〉에서는 상황이 다르다. 세 주인공은 도시 생활에서 멸시를 받거나 배신당하거나 범죄를 저지르지만, 그렇다고 해서 시골로 내려갈 생각을 하지 않는다. 시골은 이미 떠나온 공간이고, 그들이 잊어버린 공간이다. 그들의 삶은 도시에서의 지속적인 삶을 전제로 한다. 〈어둠의 자식들〉에서는 가족을 잃고 홀로 된 영애가 시골집으로 돌아갔다가 그곳에서 다시 쫓겨난다. 그녀는 시골집으로 되돌아갈 수 없기 때문에 서울로 왔고, 지속적으로 서울에서 살 수밖에 없는 것으로 그려진다. 그렇기 때문에 〈바람 불어 좋은 날〉과 〈어둠의 자식들〉의 주인공들에게 있어서 시골(촌)은 상실된 대상인 것이다.

1980년대 초반의 작품들이 촌과 가정이라는 터전의 상실 문제를 다룬다면, 〈바보선언〉(1983)은 사회 현실에 대한 비판적 발언의 자유라는 예술 창작의 터전 상실 문제를 다룬다. 사회 현실에 대한 비판적 발언의 책무가 예술가(영화감독)에게 있다고 했을 때, 타이틀 씬 직후 나오는 영화감독의 투신자살 장면에서 추락하는 그의 육체가 대표적 언론 미디어인 신문으로 대체되는 것, 투신하는 영화감독의 비명 소리가 묵음으로 처리되고 대신 "레디 고" 소리가 잠시 들렸다가 곧 여러 스포츠 소음으로 사운드 편집이 된 것, 그리고 그렇게 죽은 영화감독의 손목시계와 옷과 신발을 말 못(안?) 하는 절름발이 똥칠이가 물려받는 것에 주목할 필요가 있다. 이 모든 것은 비판적 언론의 죽음, 소위 '3S정책'의 영향으로 우매화된 사회, 그리고 그런 사회에서 말 하지 못 하고 제대로 걷지 못 하여 절뚝거리는 당대의 예술 현실에 대한 풍자이기 때문이다.[16] 〈바람 불어 좋은 날〉과 〈어둠의 자식들〉이 도시 빈민의 물질적인 생계/생활에 대한 위기감을 표출하고 있다면, 이 영화는 비판적 발언의 자유가 궁핍한 시대 예술의 생존에 대한 위기감을 표출하고 있다.

한편, 〈무릎과 무릎사이〉(1984)나 〈나그네는 길에서도 쉬지 않는다〉(1987)는, 비록 매우 미약하고도 우회적인 방식이긴 하지만, '민족 자주'라는 민족 주체성 존립의 터전이 위기를 맞이한 상황을 다룬다. 에로티시즘을 표방한 〈무릎과 무릎사이〉의 경우, 그것은 작품 전반에 깔린 전통 문화와 서구 문화의 대립을 통해 '전통'이라는 터전의 훼손과 위기로 표현된다. 이장호 감독은 이 영화를 만들 당시에 이미 이 위기를 자신의 내면에 존재하는 '모순'의 형태로 파악하고 있었다. 의식화된 뒤에 스스로 전통을 회복하려고 노력하고 있음에도 불구하고, 서양의 음악에 몸이 저절로 반응하는 것에 반해 전통적인 국악에 대해서는 그렇지 못한 것에 대한 문제의식이 있었던 것이다.[17] 흥미로운 점은, 그가 이 문제를 도시와 연관시킨다는 사실이다. 논지를 파악하자면, 도시는 곧 서구화를 의미해서, 그런 도시에서 살아온 경험은 서구 문화에 길들여지도록 강요받은 것에 다름 아니라는 것이다.[18]

사실 이장호 감독은 〈바람 불어 좋은 날〉이나 〈바보선언〉에서도 전통음악과 탈춤 등을 통해 서구적 도시 문화에 대한 전통적 가치의 항거를 꾸준히

---

16 "나는 〈바보선언〉을 내가 만든 작품이라고 말하지 않는다. 독재 시대가 만든 영화라고 말한다." 〈이장호 [44] – 독재시대가 만든 영화, 〈바보선언〉〉, 《씨네21》, No.240, 2000-02-22; http://www.cine21.com/search/news/q/%EC%9D%B4%EC%9E%A5%ED%98%B8%2044 (검색일: 2016.06.08.)

17 〈이장호 [46] – '무릎'이란 단어에서 시작한 〈무릎과 무릎사이〉〉, 《씨네21》, No.242, 2000-03-07; http://www.cine21.com/search/news/q/%EC%9D%B4%EC%9E%A5%ED%98%B8%20/p/2 (검색일: 2016.06.08.)

18 위의 글.

표현해 왔다. 하지만 전통 대 서구의 대립을 내러티브 차원의 갈등과 이항대립 쌍을 통해 강하게 제시하지는 않았었다. 그런데 〈무릎과 무릎사이〉에 이르러서, 전통 대 서구의 대립은 다양한 방식으로 반복 표출된다. 예를 들면, 조빈(안성기) vs 섹시남(임성민), 퉁소 vs 플롯, 판소리 공연 vs 클래식 음악연주회(또는 시끄러운 밴드음악), 검도(절제) vs 마이클 잭슨 댄스(무절제), 전통적 공간(차분함) vs 디스코클럽(현란함), 전통적인 가정 vs 서구적인 가정, 전통의상 vs 서구식 의상 등이다. 영화는 이러한 전통 대 서구의 대립 망 속에서 민족과 전통의 훼손을, 일반적으로 흔히 그러하듯, 추행당하거나 겁탈당하는 여체로 표현한다. 자영은 전통을 표방하는 조빈의 보호를 받지만, 결국 서구를 표방하는 여러 남성에 의해 겁탈 당한다. 당시에 서구적인 마스크로 인기를 끌었던 배우 임성민이 연기한 남성 캐릭터에게, 서구식 밴드 음악을 하는 여러 남성들에게, 그녀의 육체는 수차례 수탈된다. 조금 더 직접적으로는 어린 시절 음악교사였던 백인 남성에 의해 추행을 당한 적이 있는 것으로 제시된다. 영화는 얼핏 보면 성적으로 억압된 자영의 욕망이 조금씩 각성되고 분출되는 서사를 구현하는 것처럼 보인다. 그렇지만 종국적으로 자영이 자살을 시도하고, 그 이후에 가까스로 살아남아서 눈물을 흘리게 되면서, 그리고 조빈이 망자(죽은 조상)에 대한 제사를 지낸 후에 그녀의 등과 어깨를 감싸고 함께 길을 걸어가는 장면으로 마무리 되면서, 이 영화의 서사는 자영을 욕망의 주체이자 각성의 주체로 발전시키는 게 아니라 욕정의 객체이자 피해자이며 동시에 포용의 대상으로 위치시킨다. 영화 말미에 닥터 조로 분한 이장호 감독은 대사를 통해, 자영에게 벌어진 일을 "우리 한국인에겐 맞지 않는 서구식 생각이나 생활 때문에" 모두 열병을 앓고 있으면서 악몽을 꾼 것으로 표현한다. 결과적으로 이 대사는 〈무릎과 무릎사이〉가 서구 문화의 침입으로 말미암은 전통이라는 터전의 존립 위기를 자영의 훼손당하는 육체로 형상화하고자 하였음을 입증한다.

〈나그네는 길에서도 쉬지 않는다〉는 터전 상실의 상황을 고향 상실의 상황으로 전환시킨다. 월산 근처까지 가고자 하는 노(老)회장은 휴전선 너머에 고향집을 둔 인물이다. 주인공 사내인 순석도 고향이 이북 개성이다. 순석의 죽은 아내와 회장을 수발하는 최 간호사는 고향이 아우라지 강이 있는 여령인데, 그곳이 휴전선 이남이기는 하지만 두 인물 모두 스토리 내에서 되돌아가지 못 한다. 영화의 말미에 최 간호사는 고향에 갔다가 바로 오겠다고 순석에게 말하고 나서, 산이 막히고 물이 막혀 고향에 못 가는 넋을 위로하는 무당의 굿이 진행될 때 그만 신내림을 받게 된다. 결국 영화 속 주요 인물들은 모두 실향민인 셈이다.

이 영화에서 잃어버린 터전(고향)은 〈별들의 고향〉처럼 되돌아갈 수 있는 공간도 아니고, 〈바람 불어 좋은 날〉이나 〈어둠의 자식들〉처럼 인물 스스로 되돌아가기를 포기한 공간도 아니다. 다만 한국전쟁으로 등질 수밖에 없었으나 그 이후로는 분단이라는 외적 조건에 의해 차단된 공간으로 제시된다. 문제는 한국전쟁이나 분단 현실이 고향으로 되돌아가고 싶어 하는 인물들의 자의에 의해 결정된 게 아니라는 점이다. 그것은 어디까지나 그들의 의지와 관계없이 타의로 결정된 것이고, 그 타의로 인해 잃어버린 고향은 다시 돌아갈 수 없는 공간으로 확정된 것이다.[19]

이 영화에서 분단과 차단의 책임이 미국에 있다는 식의 암시는 없다. 다만 분단과 차단의 상황이 인물들의 의지와는 무관한 것이고 그것에 대해서는 불가항력적이라는 것이 제시될 뿐이다. 그런데 분단의 상황이 곧 한민족이

---

19 남승석·장원윤은 "영화 주요 인물들의 공통점은 귀로처를 상실한 인간들이라는 것이다."라고 지적한 바 있다. 남승석·장원윤, 「분단의 영화적 형상화와 무교적 메타포: 반 퍼슨의 문화철학을 중심으로」, 『영화연구』 58호, 2013, 145쪽.

처한 상황이고, 그것은 민족의 의지가 반영된 결과가 아니며, 그 분단의 상황이 불가항력적이라는 점은, 이 영화가 최소한 민족 자주의 터전이 온전하지 않음을 간접적으로 시사한다.

이상으로 살펴본 바와 같이, 1980년대 이장호 감독의 영화들은 다양한 터전 상실의 상황과 주체의 위기를 다루어 왔다. 통시적으로 볼 때, 1980년대 초반 〈바람 불어 좋은 날〉과 〈어둠의 자식들〉에서는 '촌'과 '가정'이라는 터전의 상실, 1983년 경 〈바보선언〉에서는 '비판적 발언의 자유'라는 예술 창작 터전의 상실, 1980년대 중후반 〈무릎과 무릎사이〉와 〈나그네는 길에서도 쉬지 않는다〉에서는 '민족 자주'라는 주체성 존립 터전의 상실을 다루어 왔다. 이 과정에서 터전 상실의 주체는 개인으로서의 '도시빈민'에서, 창작의 자유가 필요한 '예술(가)'을 거쳐, 자주성이 요구되는 '민족' 개념으로 변화해 왔다. 이러한 변화는 서울로의 인구 이동과 서울의 재구조화라는 1980년대 초반의 사회·경제적 상황, 비판적 발언에 대한 탄압과 우민화를 위한 정책이 효과적으로 작동했던 1980년대 초중반의 정치·문화적 상황, 반미 의식이 거세지면서 민족 자주와 주체성의 요구가 강하게 대두되었던 1980년대 중후반의 시대·정서적 상황에 대응하는 변화로 보아도 좋을 것이다. 따라서 이 시기에 이장호 감독의 영화에서 그려진 주체의 위기감은 '개인의 생계(생활)'에 대한 위기감에서 '예술의 생존'에 대한 위기감으로, 그리고 다시 '민족 자주성의 존립'에 대한 위기감으로 각각 변화했다고 정리할 수 있을 것이다.

3. 영화에 재현된 혼성적 공간

1980년대 이장호 감독의 영화에서, 터전의 상실과 주체의 위기감은 각 작품 속에서 혼성적인 공간으로 재현된다. 그런데 앞장에서 살펴본 것처럼, 터전의 상실의 문제가 촌과 가정이라는 터전의 상실 → 비판적 발언의 자유라는 예술 창작 터전의 상실 → 민족 자주라는 주체성 존립 터전의 상실 등으로 시기에 따라 다르게 제시되면서, 그것을 재현하는 혼성적인 공간 역시 각각 다른 양상으로 나타난다.

〈바람 불어 좋은 날〉과 〈어둠의 자식들〉은 시골에서 상경하여 도시에서 생활하고 생존해야 하는 주체들의 삶을 보여준다. 이들 영화에서 주체가 경험하는 것은 촌과 도시 사이의 어떤 괴리와 이질감이다. 이들은 도시에서 살아야 하지만, 그들의 정서나 가치관은 촌에 속해 있다. 영화는 도시 외곽의 개발지역이나 도심 속 자연 공간을 활용하여 그들이 체험하는 이질감을 혼성적인 공간 이미지로 재현한다.

[그림 1] 〈바람 불어 좋은 날〉의 혼성적 공간 이미지

〈바람 불어 좋은 날〉에서 세 주인공이 각자의 파트너와 만나는 첫 장면들을 살펴보면 이러한 특징이 명확하게 확인된다. 1-ⓐ, 1-ⓑ, 1-ⓒ에서, 주인공 커플들이 위치한 공간은 비포장도로, 산등성이, 무덤 등이다. 이 공간들은 개발이 되지 않았거나(1-ⓐ), 나무와 풀 등으로 인해 자연적인 느낌을 주거나(1-ⓑ), 근대화되지 않고 남아 있어 전근대적인 느낌을 주는(1-ⓒ) 공간들이다. 반면 후경에는 포장도로(1-ⓐ), 신축 건물(1-ⓑ), 고층빌등(1-ⓒ) 등이 위치한다. 이들은 개발된 공간, 인위적인 공간, 서구적으로 근대화된 공간들이다. 이렇게 전경과 후경을 각각 촌과 도시의 느낌으로 채운 혼성적인 화면 구성은 도시를 배경으로 하여 촌에서 상경한 청년들의 고군분투를 보여주는 영화의 내러티브에 적절한 혼성적 공간 이미지를 만들어 낸다. 영화는 다양한 장면에서 이러한 혼성적 공간 이미지를 반복하여 제시하면서, 도시 개발의 상황 속에서 촌의 가치와 정서가 상실되고 사라져가는 이야기를 다룬다.

　1-ⓓ는 자신이 맡긴 돈을 들고 진옥이 도망간 것을 알아차린 후, 길남이 울분을 토하는 장면이다. 이 장면에서, 길남은 돈 때문에 분한 게 아니라 진옥의 배반 때문에 마음이 아프다고 말한다. 이 말은, 도시가 지향하는 물질적 가치의 손해 때문이 아니라 촌이 지향하는 정신적 가치의 훼손 때문에 마음이 아프다는 말로 해석해도 좋을 것이다. 그런데 촌이 지향하는 가치를 훼손시킨 것은 다름 아니라 도시가 지향하는 물질적 가치들이다. 도시 개발이 노인을 반미치광이로 몰아간 것, 김회장의 돈이 가족의 생계를 책임진 미스 유를 타락시킨 것과 마찬가지로, 돈에 대한 욕망이 진옥으로 하여금 길남을 배반하게 만든 것이다. 따라서 길남이 울분을 토하는 이 장면에서 중경에 도시 개발 공사 중인 포크레인을 위치시킨 것은 꽤 흥미로운 설정이다. 아마도 포크레인이 땅을 파내는 것처럼 그렇게, 진옥의 배신이 길남의 가슴 속을 후

벼 팔을 것이다. 이 장면 역시도 세 주인공은 개발이 전혀 되지 않은 공터에 위치해 있는데, 중경에 작업 중인 포크레인을 위치시키고 후경에는 도시주택들을 배치함으로써, 영화의 주제와 잘 어울리는 혼성적 공간 이미지를 만들어내고 있다.

〈어둠의 자식들〉에서도 이와 같은 패턴이 비슷하게 나타난다. 〈바람 불어 좋은 날〉에서 길남-진옥을 연기했던 김성찬-조주미 커플이 〈어둠의 자식들〉에서도 용구-경심 커플 역을 맡았는데, 이들의 데이트 장면에서 혼성적 공간이 또 다시 재현된다.

[그림 2] 〈어둠의 자식들〉의 혼성적 공간 이미지

위 장면은 경심이 용구에게 호감을 표시하고 나서 두 사람이 처음이자 마지막으로 데이트하는 장면이다. 이들은 한강변의 풀밭에서 서로 수줍게 포옹을 하고 있는데(2-ⓐ), 후경에 강을 가로지르는 한강 다리 위로 차들이 달리고 있고 강 건너 멀리로는 신축 건물들이 보인다. 영화는 이들이 친밀감을 교류하며 달콤한 대화를 나눌 때, 초록 풀들로 뒤덮인 자연적인 공간만을 배경으로 담을 수 있도록(2-ⓑ) 프레이밍 한다. 이 풀밭은 도시에 사는 두 남녀의 데이트 공간으로는 그다지 적절해 보이지 않는다. 하지만 이러한 프레이밍은 이들 두 남녀의 출신이 촌이고, 그들이 자연 친화적인 존재임을 드러내기에는 적절한 프레이밍이다. 이 공간은 도심 속에 존재하면서도 도심과는 확연히 구별되는 자연적 공간이다. 용구는 서울에 이렇게 경치 좋은 곳이 있는 줄 몰랐다면서 고향 생각이 난다고 말한다. 그가 경심에게 고향을 떠나온 지 꽤 됐냐고 묻는 것으로 보아 두 사람 모두 시골에서 서울로 상경한 사람들임을 알 수 있다. 2-ⓑ의 프레이밍이 유지되는 동안, 이들은 아이와 결혼에 대한 이야기를 나눈다. 용구가 고향에 내려가야겠다고 말하고, 경심이 농사짓는 것은 자기도 자신 있다고 말할 때까지도, 대체로 이러한 프레이밍은 유지가 된다. 하지만, 용구의 표정이 달라지면서 고향의 어머니가 혼처를 마련해 놓았다는 말로 거절의 의사를 표시할 때, 영화의 프레이밍은 2-ⓒ로 바뀐다. 이 프레이밍은 거절을 하는 용구의 뒤쪽 배경으로 강남의 고층빌딩들을 위치시킨다. 그리하여 용구가 서 있는 전경에는 풀밭이 있고 후경에는 고층빌딩이 즐비한 혼성적 공간을 만들어낸다. 영화는 이러한 혼성적 공간 이미지를 통해, 경심이 창부로 살아야 하는 도시에서의 삶이 결국 이들의 결합에 결정적 장애물이 되고 있음을 암시한다.

〈어둠의 자식들〉의 2부에 해당하는 〈바보선언〉은 영화검열이 한창 기승을 부리는 시기에 제작되었다.[20] 이 시기의 문화정책은 소위 '3S정책'으로 명명되는데, 이것은 영화(Screen), 스포츠(Sports), 섹스(Sex)를 활용한 제5공화국의 국민 우매화 정책을 일컫는다. 이 영화는 어린 소년의 그림과 함께 "옛날 한 옛날 20세기가 끝날 무렵에 우리나라에 똥칠이라는 바보 같은 어른이 살았습니다."라는 소년의 내레이션으로 시작하여 후반부에 상류층의 난교 파티 장면까지 이어진다. 이 과정에서 영화는 여러 차례에 걸쳐 매우 두드러진 혼성적 공간을 만들어내는데, 그것은 이미지를 통해서가 아니라 사운드를 통해서

---

20 이장호·김홍준, 『이장호 감독의 마스터클래스』, 작가, 2013, 226-227쪽.

이다. 그 대표적인 장면이 목욕탕에서의 난교 파티 장면일 것이다.

3-ⓐ   3-ⓑ   3-ⓒ

[그림 3] 〈바보선언〉의 혼성적 공간

이 장면에서 영화는 목욕탕 공간을 계급이 분명히 대조되는 계급 혼성적인 공간(3-ⓐ)으로 제시한다. 이 장면에서 고매한 상류층 사내들은 검은색 정장 차림을 하고 있지만 정작 하의는 모두 탈의한 상태이다. 하지만 아랫도리의 욕망으로 가득한 이 공간에서 그들을 시중드는 비천한 똥칠과 육덕은 상의를 탈의하고 있으면서도 정작 하의는 탈의한 상태가 아니다. 이 장면은 술에 취한 듯한 비현실적인 몽롱함이 두드러지는데, 이 몽롱함을 강화시키는 것이 한편으로는 느린 화면이지만 다른 한편으로는 대금 소리와 신디싸이저 음악의 뒤섞임이다. 이윽고 두루마리 휴지로 나체를 가린 혜영이 옛 애인의 손에 이끌려오면, 그녀를 노리개로 하여 숱한 남성들이 그녀에게 양주를 쏟아 부으며 즐거워하는 가학적 변태 행위가 이어진다(3-ⓑ). 이 장면에서 영화는 대금 소리와 신디싸이저 음악에 전자오락실 효과음까지 어지럽게 뒤섞인 혼성적 사운드 공간을 만들어낸다. 이러한 사운드의 혼성성이 가장 강렬해지는 것은 영화의 거의 마지막 장면에 이르러서이다. 영화의 앞부분에서 영화감독이 투신자살을 시도했던 바로 그 지점에 서서 파란 비닐 우산을 쓴 똥칠이 점점 빠르게 자기분열적인 춤을 춘다. 이 장면에서 뉴스를 전하는 여러 아나운서의 목소리들이 정신없이 쏟아져 나온다. 그것은 많은 '발언'들이지만, 이 수많은 발언들이 서로 무의미하게 난무하는 바람에 어떠한 것도 의미 있게 들리지 않는다. 대신 똥칠이 투신을 시도하고 나서 그 난무하는 소리들을 대체하는 침묵이 찾아오는데, 오히려 그 침묵이 의미가 있어 보인다. 이 영화가 그 유명한 국회의사당 앞의 춤 장면에서 궁극적으로 보여 준 것이 '침묵의 아우성'이라면, 똥칠의 투신 장면에서 보여준 혼성적 사운드 공간은 발언의 자유가 상실된 시대에 난무하는 온갖 뉴스 소리가 실은 사회의 진실도 전달하지 못 하고 아무런 의미도 없는 시끄러운 소음에 불과함을 역설해 준다.

〈무릎과 무릎사이〉는 앞서 살펴본 것처럼 서구 문화의 침입에 의한 전통의 훼손을 자영의 몸이라는 여체를 통해 다룬다. 이것은 역으로 그녀의 몸을 겁탈하는 남성이 어떤 식으로든 서구적인 것과 연관되어 있음을 암시한다. 예컨대, 자영의 몸이 처음 겁탈당하는 장면에서, 그녀의 몸을 빼앗는 남자 역은 당시 서구적인 외모와 매력이 강렬했던 배우 임성민이 맡았다. 하지만 서구에 의한 전통의 훼손은 캐릭터 차원에서만 표현된 것이 아니었다. 그것은 공간적 암시를 통해서도 표현되었다. 이 장면은 서구 클래식 음악이 연주되는 음악회장에서 시작한다. 이 음악회장에서 자영 옆에 앉은 남자가 느닷없이 다리를 애무하자 자영이 어지러움을 느끼며 밖으로 뛰쳐나온다. 이 장면은 판소리 공연을 관람하는 조빈 모자의 장면과 교차된다. 판소리 공연장은 욕정과 전혀 무관해 보이는 순결하고 점잖은 공간으로 제시된다. 서구 음악이 연주되는 장소와 전통 음악이 연주되는 장소가 이렇게 교차편집을 통해 대조된 다음, 영화는 본격적으로 자영이 겁탈당하는 장면을 담아낸다.

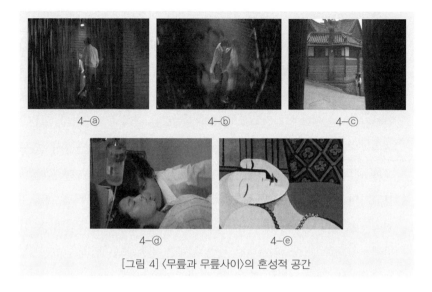

4-ⓐ   4-ⓑ   4-ⓒ

4-ⓓ   4-ⓔ

[그림 4] 〈무릎과 무릎사이〉의 혼성적 공간

4-ⓐ에서 확인할 수 있듯이, 이 장면은 처음에 서구적 느낌이 강한 벽돌 담벼락만을 배경으로 하여 진행된다. 그렇지만 이 배경은 곧 4-ⓑ와 같이 수풀 사이로 두 남녀의 정사를 엿볼 수 있는 혼성적 공간으로 바뀌게 된다. 바닥의 잔디와 전경의 나무가 벽돌담과 함께 보이는 이 공간은 한국적인 자연의 공간에 서구식 건물이 침범해 들어오듯 세워진 곳이자, 전통을 상징하는 자영이 서구를 상징하는 남자에 의해 강압적으로 범해지는 공간이다. 혼성적인 공간은 이어지는 장면에서도 발견된다. 앞의 장면이 다음날 아침으로 이어지면, 조빈이 대문 밖을 나서다 담벼락에 기대 서 있는 자영을 발견하게 된다. 그는 그녀에게 다가가 우산을 씌워주고 손수건을 꺼내 물기를 닦아준다. 그런데 이 공간 역시, 4-ⓒ에서처럼, 오래된 옛 가옥과 함께 포장된 도로가 있어서 전통적인 것과 모던한 것이 공존한다. 영화는 이러한 혼성적 공간에 훼손된 여체(자영)을 위치시킴으로써, 서구적인 것에 의한 전통의 훼손을 환기시킨다.

하지만 이 영화에서 전통을 대표하는 것이 자영의 몸만은 아니다. 대중문화에서 일반적으로 그러하듯이, 누이나 어머니로 대표되는 여성의 몸은 외세에 의해 수탈되는 민족과 국토의 의미를 내포한다. 하지만 그 여체를 보호하지 못 하는 남성 역시 민족과 국가의 무기력이라는 의미를 내포하기는 마찬가지다. 이 영화에서 전통을 대표하는 인물은 역시나 조빈인데, 그는 욕망에 이끌려 함부로 욕정을 해결하는 사람이 아니다. 선비를 연상시키는 점잖음과 예의바름, 그리고 절제력을 지닌 인물이다. 또한 그는 차분한 전통적 분위기의 집안에서 퉁소를 불고 검도로 심신을 단련하는가 하면, 판소리 공연을 관람하기도 하는 사람이다. 자영이 훼손된 전통 혹은 민족을 상기시킨다면, 조빈은 그것을 지켜내지 못한 무력한 전통 또는 민족을 상기시킨다. 따라서 영화 내에서 전통 혹은 민족은 자영과 조빈 두 남녀를 통해 형상화되고 있음을 알 수 있는데, 이것은 이 영화의 마지막 부분(4-ⓓ)에서 자영의 옆얼굴과 조빈의 정면 얼굴 절반이 마치 피카소의 입체파 그림(4-ⓔ)처럼 하나의 얼굴을 구성하는 혼성적 재현으로 표현되기도 한다.

실향의 문제를 다루는 〈나그네는 길에서도 쉬지 않는다〉에서 발견되는 공간의 혼성성은 크게 두 가지로 나누어진다. 하나는 고향을 잃어버린 자들이 타향에 정착하게 되면서 발생하는 혼성성이다. 이 혼성성이 잘 드러나는 장면이 5-ⓐ이다. 강원도 지역을 배회하던 순석이 바닷가 마을의 횟집 앞에 서 있는데 이 횟집의 이름이 전주횟집이다. 그리고 그 식당의 주인은 경상도 말씨를 사용한다. 전주 식당 아줌마가 어찌 경상도 말씨냐고 순석이 묻자, "전쟁 통에 고향 등진 사람이 어찌 한두 사람입니까?"라고 주인이 답한다. 아마도 그녀는 경상도에 있는 고향을 떠나 전라도 전주를 거쳐 강원도에 정착하게 된 것으로 보인다. 여기서 확인할 수 있는 것은 이 장면에서 발견되는 공간의 혼성성이 곧 고향 상실의 지표라는 사실이다.

이 영화에서 발견되는 또 다른 공간의 혼성성은 길과 관련된다. 이 영화는 일종의 여로형[21] 영화이기 때문에, 모든 사건은 길 위에서 펼쳐진다. 이 길은 아내의 화장 재를 뿌리러 가는 순석의 여로이기도 하지만, 다른 한편으로는 노 회장의 고향인 월산으로 향해 가는 여로이기도 하다. 그런데 고향으로 향하는 이 길은 분단 현실로 인해 차단된 길이다. 길은 목적지를 향해 열려 있다는 면에서 개방적이라 할 수 있지만, 그 길 위에 세워진 각종 표지판과 차단물이 그 통행과 접근을 차단한다는 측면에서 폐쇄적이기도 하다. 그러한 개방과 폐쇄의 속성이 뒤섞여 있는 것이 곧 이 영화에서 발견되는 길의 혼성성이다. 이것은 노 회장을 수발하는 최 간호사를 보여주는 장면과 원통으로 가는 차표를 사려고 하는 순석을 보여주는 장면 사이에 삽입된 길의 몽타주 시퀀스에서 집약적으로 나타난다.

[그림 5] 〈나그네는 길에서도 쉬지 않는다〉의 혼성적 공간

---

21 김영임은 "길 위에서 만난 사람들의 고단하고 고독한 삶의 이야기를 전개시키는" 구조를 여로형 구조로 지칭한다. 김영임, 「이제하 소설 연구: 여로형 소설을 중심으로」, 한국교원대학교 석사학위논문, 2007, 51쪽.

이 길의 몽타주 시퀀스는 누구의 시점인지가 분명하지 않다. 영화는 그저 달리는 차량에서 주관적 시점의 형태로 촬영된 여러 장면들을 보여주기 시작한다. 빠르게 달리는 차량에서 찍힌 구불구불한 산길이 그렇게 몇 차례 제시된 다음, 영화는 달리는 차량에서 찍힌 다양한 도로 표지판을 보여준다. 대체로 도로상의 위험을 경고하는 이 표지판들은 매우 짧은 컷들로 빠르게 이어지다가 어느새 간첩 신고 표지판(5-ⓑ), 통일의 길 돌비석(5-ⓑ), 공사가 중단된 다리로 대체된다. 그런 다음 이 중단된 다리가 몇 컷 제시된 후 갑작스런 징소리와 함께 컷 전환이 이루어진다. 이 때 등장한 숏은 출입을 금하는 표지판(5-ⓓ)이고, 지금까지 이동을 표현했던 움직이는 카메라는 이 숏부터 정지된 상태로 바뀌게 된다. 계속 이어지는 몽타주 시퀀스 내에서 더 이상 카메라는 움직이지 않는다. 화면은 고정된 카메라로 촬영된 공사 중단 상태의 다리를 몇 차례 보여준 다음, 하늘을 뒤덮는 먹구름들을 역시 몇 차례 보여주고 나서, 그 먹구름들의 이동에도 불구하고 꿈쩍하지 않는 산의 모습을 보여주고 시퀀스를 마무리한다. 이 몽타주 시퀀스를 잘 들여다보면, 숏의 움직임 속도는 빠른 움직임 → 느린 움직임 → 정지로 점점 약화된다. 그에 따라 보이는 대상도 뻥 뚫린 길 → 위험을 경고하는 도로 표지판들 → 분단을 환기시키는 지표들 → 분단으로 말미암아 접근을 차단하는 표지판 → 암울한 먹구름들과 앞을 가로막은 산으로 달라진다. 이러한 변화가 암시하는 것은 분명해 보인다. 그것은 길의 개방에서 단절로, 이동에서 정지로의 변화이다. 이 과정에서 몽타주의 리듬과 사운드의 활용을 통해 임팩트가 부여되는 숏은 분단 상황을 명백히 확인시키는 5-ⓓ이다. 따라서 이 몽타주 시퀀스는 고향으로 돌아가려는 최 회장의 의지가 분단 상황으로 인해 차단될 수밖에 없다는 암울한 현실 인식을 내포하고 있다고 볼 수 있다. 요컨대, 개방과 차단의 의미가 혼성적으로 뒤섞인 길의 이미지(5-ⓑ, 5-ⓒ, 5-ⓓ

등)는 이 영화의 내러티브 밑바탕에 전제된 분단과 그로 인한 고향의 상실에 대한 환유로 작동한다. 개방과 차단의 느낌이 뒤섞인 이러한 혼성적 공간은 배가 떠가는 강물 위에 뿌옇게 깔려서 앞을 가리고 있는 물안개(5-ⓔ)와 영화의 마지막 장면에 등장하는 거대한 손(5-ⓕ) 등을 통해서 영화 속에서 꾸준히 재현된다.

이상에서 살펴본 것처럼, 1980년대 이장호 감독의 영화들이 다루는 터전 상실의 상황과 주체의 위기감은 각 작품의 특성에 맞는 혼성적 공간의 재현을 통해 다루어지고 있음을 확인할 수 있다. 이를테면, 그것은 촌과 가정이라는 터전의 상실을 다룬 〈바람 불어 좋은 날〉과 〈어둠의 자식들〉에서는 도시의 모습과 촌(자연)의 모습이 혼성된 공간 이미지를 통해, 발언의 자유라는 예술 창작 터전의 상실을 다룬 〈바보선언〉에서는 여러 종류의 음악이나 무의미한 발설이 뒤섞인 사운드의 혼성적 공간을 통해, 서구 문화의 침입에 의한 전통의 훼손을 다룬 〈무릎과 무릎사이〉에서는 전통적(고전적)인 것과 서구적(근대적)인 것이 뒤섞인 공간 이미지 또는 전통의 두 얼굴로 하나의 얼굴을 만들어내는 입체파 회화 방식의 이미지 재현을 통해, 고향 상실과 분단 현실을 다룬 〈나그네는 길에서도 쉬지 않는다〉에서는 여러 지역이 뒤죽박죽 섞인 장소와 개방-차단의 의미가 혼성적으로 뒤섞인 길 이미지를 통해 확인된다.

4. 상실의 주체가 보여주는 생존력

이장호 감독이 다루는 터전 상실의 상황은 결코 개인의 문제가 아니다. 〈바람 불어 좋은 날〉은 다수 도시 빈민들의 문제를, 〈어둠의 자식들〉은 사창가로 넘겨진 시골 출신 윤락녀들의 문제를, 〈바보선언〉은 발언의 자유를 박탈당한 한국 사회의 문제를, 〈무릎과 무릎사이〉는 서구 문화의 침입으로 훼손당하는 한국의 전통에 대한 문제를, 〈나그네는 길에서도 쉬지 않는다〉는 실향을 발생시킨 한반도의 분단 문제를 다룬다. 이것들은 모두 한 개인의 문제일 수 없다. 그것은 집단의 문제이고, 사회의 문제이며, 영화에 등장하는 여러 인물들이 공유하는 공동의 문제이다. 따라서 각 영화가 다루는 터전 상실의 상황은 집단과 사회가 처한 상황인 셈이다.

이장호 감독의 영화는 이 집단적 문제에 대해 성 편향성을 드러내곤 한다. 예컨대, 〈바람 불어 좋은 날〉에서 유부남·유부녀와의 불륜 관계에 빠지는 인물은 미스 유와 동화루 조씨이다. 미스 유는 김 회장의 애인이 되고, 동화루 조씨는 총각 행세를 하면서 동화루 여사장의 애인이 되는데, 이것은 모두 각자 가족의 생계를 위한 것으로 밝혀진다. 하지만 그들의 비도덕성이 드러났을 때 너무나 상이한 점들이 드러난다. 조씨의 아내는 조씨가 다른 여자와 배를 맞추었다고 해서 앙탈을 부리거나 불만을 쏟지 않는다. 대신 그저 그를 흐뭇하게 바라보기만 한다. 조씨는 어느 누구에게도 비난받지 않고 오히려 반갑고 정겹게 작별인사를 나누며 떠난다. 반면에 미스 유는 애인 춘식으로부터 더럽고 불결하다며 갈보라고 불린다. 조씨는 죄의식을 거의 느끼지 않으며 당당하고 떳떳하게 떠나는 반면, 미스 유는 가로수에 기대 잠시 눈물을 훔칠 정도로 부끄러움과 슬픔을 느낀다. 조씨의 경우 코믹성이 부각되고 있다면, 미스 유의 경우는 가장으로서 가족의 생계를 책임져야 함을 보여주는 몽타주에 의해 신파적인 감상성이 부각된다.

성 편향적 인식의 한계는 〈어둠의 자식들〉에서 윤락여성에 대한 보고서를 작성하기 위해 한 무리의 총각들이 집창촌을 찾아온 에피소드에 청춘낭만의 생기와 활기를 부여하는 스타일, 내러티브 맥락과는 별 상관없이 여성의 나체를 전시하여 남성 관객의 관음증적 욕망을 충족시키려는 윤락녀들의 집단 목욕 장면, 〈무릎과 무릎사이〉에서 자신에게 가해지는 성적 폭력을 억압된 성욕의 해방을 향한 자유의지와 연결시키려는 무모한 설정 등에서도 발견된다.

어쩌면 이상의 것들은 지엽적인 예에 불과하다. 〈바람 불어 좋은 날〉에서, 돈에 대한 욕망으로 인해 변심하고 배신하는 사람들은 진옥, 미스 유 등 여성들이고, 그로 인해 터전 상실의 상황이나 생활/생존의 문제가 더 심각해지는 것은 길남과 춘식 등 남성들인 점을 주목할 필요가 있다. 왜냐하면 이 패턴은 모든 작품들로 더 확장되기 때문이다. 대개의 작품에서, 각종 터전 상실의 상황으로 인해 죽는 것은 여성들이다. 〈어둠의 자식들〉에서는 화숙이 죽고, 〈바보선언〉에서는 혜영이 가학 행위의 대상이 되어 죽고, 〈무릎과 무릎사이〉에서는 자영이 겁탈을 당하여 자살을 시도한다. 〈나그네는 길에서도 쉬지 않는다〉에서도 어떤 거부할 수 없는 운명의 힘에 의해 여관에서의 젊은 여자와 순석의 아내, 그리고 그녀를 닮은 전주식당의 색시 등이 죽는다. 반면 남성 주인공이 딱히 존재하지 않는 〈어둠의 자식들〉을 제외한다면, 그 죽음(자살 시도)으로 인해 더 악화된 상황을 떠안아 생존력을 발휘해야 하는 과제가 부여되는 것은 남성들이다. 다시 말하면, 터전 상실의 궁극적 주체, 생존력을 발휘해야 하는 궁극적 주체는 남성에게만 국한되어 있는 것이다. 이렇게 편향된 성 인식은, 사회 문제에 대해서 급진적인 문제의식을 갖고 있으면서도 성 평등 문제에 있어서는 결코 동등한 수준의 문제의식을 갖고 있지 못 했던 1980년대 진보권의 비균질적인 인식 수준과 궤를 같이하는 것으로 보인다.

한편, 성 편향적 인식의 한계에도 불구하고, 이장호 감독의 영화들이 보여주는 생존력의 미학은 주목할 만한 가치가 있다. 어찌 보면, 터전 상실의 상황 속에서 이장호 감독의 영화가 초점을 맞추는 것은 주체들이 경험하는 어떤 위기감이다. 이 위기감은 대개 주체를 죽음으로 내몰거나 죽음의 위협에 맞닥뜨리게 할 만큼 절박한 문제로 다루어진다. 예컨대, 〈바람 불어 좋은 날〉에서는 도시 개발로 농사짓던 땅을 빼앗긴 노인이 결국 자살을 하고, 〈어둠의 자식들〉에서는 생계 수단이었던 윤락행위를 위협하는 교회에 온몸으로 항거했던 화숙이 죽음을 맞이한다. 〈바보선언〉에서는 도시 남성들의 가학성 향락으로 혜영이 죽고, 〈무릎과 무릎사이〉에서는 절제라는 전통 가치를 훼손시킨 서구식 욕정의 무분별함으로 인해 자영이 자살을 시도하게 된다. 〈나그네는 길에서도 쉬지 않는다〉의 경우는 그 절박함의 표현이 약간 다른데, 이 작품에서는 아들의 필사적인 반대에도 불구하고 몸을 전혀 가눌 수 없는 노 회장이 고향 가까운 땅을 밟기 위한 여정을 감행한다.

하지만 그의 작품은 주체의 위기감을 단지 비관적인 톤으로만 전개하지는 않는다. 이장호 감독의 영화들에서 주체는 터전 상실로 인한 위기를 겪지만, 그럼에도 불구하고 살아가려는 강력한 의지를 보여준다. 이 생존력이 바로 그의 1980년대 영화가 발산하는 긍정적인 힘이자 1970년대 작품과의 가장 큰 변별점이다.

예를 들어, 〈별들의 고향〉은 경아의 죽음을 감상적으로 처리하면서 비극성을 고조시키는 데 역점을 둔다. 그것은 〈도시가 죽인 여자〉라는 제목의 습작 시나리오에서 출발한 이 영화의 지향점과 잘 일치한다.[22] 이 영화는 경아를 죽인 도시에 대한 환멸감으로 가득하지만, '그럼에도 불구하고 어떻게든 살아야 한다.'는 의지를 피력하지는 않는다. 반면 도시에 대한 환멸을 더 냉혹한 현실로 다루었던 〈바람 불어 좋은 날〉에서는 덕배-춘순 커플이 서로 맞잡은 손을 부각시키면서 이들 커플을 통해 아마도 새로운 가정이 만들어

---

22 이장호·김홍준, 앞의 책, 120~121쪽.

지고 그렇게 새롭게 터전이 일궈질 것 같은 희망을 어렴풋이 제시한다. 뿐만 아니라 덕배의 권투 스파링 장면과 그에 이어지는 덕배의 보이스오버, 그리고 힘차게 달리는 덕배의 모습들로 이어지는 에필로그를 통해 패배를 두려워하지 않는 강한 전투력과 불굴의 의지를 보여준다. 이것은 곧 터전 상실의 상황에서 좌절하지 않고 오히려 그 상황을 삶의 조건으로 받아들이는 생존력의 원천이다.

이 생존력의 발휘는 또한 상실감이나 좌절감을 체화하는 것을 전제로 한다. 〈바람 불어 좋은 날〉의 덕배는 참고 살아야 한다면서 자신은 말 더듬지 않을 수 있다고 밝힌다. 그 말을 들은 순태는 자기도 앞으로 말을 더듬겠다고 말한다. 〈바보선언〉에서도 비슷한 점이 발견된다. 똥칠은 다리를 절지만, 그가 다리를 절지 않고 반듯이 걸어가는 것을 보여주는 장면이 있다. 이것은 그가 제대로 걸을 수 있으면서도 일부러 다리를 저는 것임을 알려준다. 뿐만 아니라 영화의 말미에 이르면 그동안 다리를 절지 않았던 육덕도 똥칠과 함께 다리를 절기 시작한다. 그만큼 삶의 악조건은 그들에게 정상적인 모습을 허용하지 않지만 이들 캐릭터는 그 상황을 체화하고 그 상태로 삶을 계속 유지해 나가는 것이다.

그렇게 터전 상실의 상황을 삶의 조건으로 받아들이는 생존의지는, 윤락가로 되돌아온 영애가 하반신이 없는 남자를 손님으로 모시겠다며 안고 들어가는 〈어둠의 자식들〉의 결말부에서도, 죽음의 침묵보다는 침묵의 삶을 선택하고 절뚝이며 걸어가던 똥칠과 육덕이 국회의사당을 향해 격렬하게 탈춤을 추는 〈바보선언〉의 결말부에서도, 조빈이 퇴원한 자영의 등과 어깨를 감싸고 머리를 매만지면서 나란히 걸어가는 〈무릎과 무릎사이〉의 결말부에서도 모두 확인된다.

이처럼 〈바람 불어 좋은 날〉, 〈어둠의 자식들〉, 〈바보선언〉, 〈무릎과 무릏사이〉, 〈나그네는 길에서도 쉬지 않는다〉는 각 시대의 특성에 따라 터전 상실의 내용을 달리하고 있음을 알 수 있다. 즉 1980년대 초반의 두 작품인 〈바람 불어 좋은 날〉과 〈어둠의 자식들〉은 생활 공간이었던 땅(촌)과 인간 적 삶의 기초가 되는 가정이라는 터전의 상실 상황을, 1983년작 〈바보선언〉 은 비판적 발언의 자유라는 예술 창작의 터전 상실 상황을, 1980년대 중후 반의 두 작품에서는 미약하고 우회적인 방식으로 민족 자주라는 민족 주체 성 존립의 터전이 위기를 맞이한 상황을 다루었으며, 마지막의 경우는 다시 전통의 훼손과 분단으로 인한 실향의 문제로 나누어 다루고 있다. 이러한 터 전의 상실과 주체의 위기감이 각각의 작품에서 혼성적 공간들을 통해 재현 되고 있다. 〈바람 불어 좋은 날〉과 〈어둠의 자식들〉에서는 미개발(혹은 자 연적) 공간과 도시화된 공간이 하나의 프레임에 담아내는 혼성적인 공간 이 미지를 통해, 〈바보선언〉에서는 상이한 사운드가 충돌하는 혼성적인 사운드 공간을 통해, 〈무릎과 무릎사이〉에서는 서구적인(근대화된) 것과 전통적인 (고전적인) 것의 혼성 이미지 또는 두 얼굴로 하나의 얼굴을 구성하는 입체 파 방식의 프레이밍을 통해, 〈나그네는 길에서도 쉬지 않는다〉는 개방과 폐 쇄의 속성이 뒤섞인 길의 혼성성 등을 통해 재현되고 있다.

이장호 감독의 1980년대 영화들은 개인의 문제라기보다 집단과 사회의 문 제에 해당하는 것을 다루되, 이 과정에서 성 편향성을 드러내는 단점이 있기 는 하지만, 그런 한계에도 불구하고 상실감과 좌절감을 체화하여 그 상태로 삶을 유지해 나가고자 하는 강인한 생존력과 생존의지가 발현되어 있다.

김영진은 "〈바람 불어 좋은 날〉(1980), 〈어둠의 자식들〉(1981), 〈바보선 언〉(1983) 등에서 민중적 리얼리즘과 전위영화의 감성을 조화시켰던 이장호 는 〈무릎과 무릎사이〉(1984), 〈어우동〉(1985) 등으로 에로티시즘과 희미한 정치성을 조화시키며 한국영화계의 스타 감독으로 떠올랐다."[23]라고 평했는데, 이 말은 퇴폐가 권장되던 당시의 사회상황 하에서, 이장호 감독의 영화가 이보희의 등장과 함께 예술성과 리얼리즘의 영역에서 상업성과 에로티시즘의 영역으로 작품의 균형이 기울어져 가는 것을 달리 표현한 것이라 할 수 있다. 〈어둠의 자식들〉을 만들면서 검열의 제약을 경험하고, 〈바보선언〉으로 저항의 몸부림을 한 다음, 그가 기꺼이 상업영화의 안전망으로 들어간 것은 맞다. 하지만 그가 당시 영화의 주류였던 에로티시즘 계열의 영화를 만들면서도 〈무릎과 무릎사이〉에 반미의식을 주입하고 〈어우동〉에 혁명의식을 주입하는 식의 노력을 포기하지 않았다는 점은 일부러 말더듬이로 살면서 도시의 삶에 정착하려는 덕배의 생존력이나 일부러 다리를 절면서 모순의 시대를 살아가는 통칠의 생존력을 떠올리게 한다.[24]

이 글은 리얼리즘 영화감독으로서 이장호에 대한 평가는 유보하고 있다. 그 평가는 그의 작품에 대한 텍스트 분석만으로는 한계가 있을 것이며, 당시의 정치적, 문화적, 산업적 컨텍스트의 맥락을 함께 고려할 필요가 있을 것이다. 아마도 그 주제는 또 다른 연구를 통해 다루어져야 할 것이다.

---

23 김영진, 앞의 책, 280-281쪽.

24 "그 전에 내가 만든 영화들은 사회의 소외 계층에 대해 다뤘었는데 갑자기 〈무릎과 무릎사이〉라는 제목을 두고 영화를 만들려고 하다보니까 뭐랄까, 가책도 있고 이런저런 게 있는데 어떻게 하면 섹스를 의식화할까? 그런 고민을 했었던 겁니다." 이장호·김홍준, 앞의 책, p.289.

참고문헌

[단행본]

김미현 책임편집, 『한국영화사—開化期에서 開花期까지』, 커뮤니케이션북스, 2006.
김영진, 『이장호 VS 배창호』, 한국영상자료원, 2008.
이장호·김홍준, 『이장호 감독의 마스터클래스』, 작가, 2013.

[학술논문]

김은주, 「이장호 영화로 돌이켜 본 그때 그 시간들」, 『씨네포럼』 8호, 2007.
남승석·장원윤, 「분단의 영화적 형상화와 무교적 메타포: 반 퍼슨의 문화철학을 중심으로」, 『영화연구』 58호, 2013.
박선미, 「도시공간의 변화에 내재한 정치·경제적 논리의 규명 : 서울시 도심 재개발을 대상으로」, 『대한지리학회지』 28호 3권, 1993.
박제인·장훈·김지소, 「서울대도시권 인구집중의 공간적 연관성 연구」, 『대한토목학회 논문집 D』 28호 3D권, 2008.
이우형·김영욱, 「서울의 도시공간구조와 기능의 변천에 관한 연구 : Space Syntax를 이용한 공간구조 분석을 중심으로」, 『한국도시설계학회지』 3호 1권, 2001.
정현경, 「1970년대 혼성적 도시 표상으로서의 도시인의 우울 : 〈별들의 고향〉, 〈영자의 전성시대〉, 〈바보들의 행진〉, 〈어제 내린 비〉를 중심으로」, 『한국극예술연구』 41호, 2013.
정혜숙·김혜순, 「생활 터전으로서의 지역 – 생애사와 지역연구의 통합적인 연구방법의 모색과 활용」, 『한국사회학회 사회학대회 논문집』, 2004.
최근희, 「도시공간경제구조의 변화와 도시개발정책에 관한 연구 : 서울시는 후기산업도시(1981-1996)?」, 『도시행정학보』 12호, 1999.

[학위논문]

김영임, 「이제하 소설 연구: 여로형 소설을 중심으로」, 한국교원대학교 석사학위논문, 2007.

[잡지]

김시무, 〈[영화(2)] 『바람 불어 좋은 날』, 『바보선언』, 『나그네는 길에서도 쉬지 않는다』를 중심으로 - 이장호 감독의 작품세계〉, 《공연과 리뷰》 74호, 2011.
조세희·박경리, 〈['상생(相生)의 문화'를 찾아서 - 작가 박경리에게 듣는다] 빈곤보다 두려운 것은 터전의 상실이다〉, 《당대비평》 6호, 1993.

[웹페이지]

〈이장호 [44] - 독재시대가 만든 영화, 〈바보선언〉〉, 《씨네21》, No.240, 2000-02-22; http://www.cine21.com/search/news/q/%EC%9D%B4%EC%9E%A5%ED%98%B8%2044
〈이장호 [46] - '무릎'이란 단어에서 시작한 〈무릎과 무릎사이〉〉, 《씨네21》, No.242, 2000-03-07; http://www.cine21.com/search/news/q/%EC%9D%B4%EC%9E%A5%ED%98%B8%20/p/2
http://archives.kdemo.or.kr/main
http://data.si.re.kr/node/117
http://stdweb2.korean.go.kr/search/List_dic.jsp

해외 로케이션 영화의 글로컬 알레고리, 1980~1987*

정찬철

　1980년에서 1987년까지 한국 영화제작사는 해외 로케이션을 흥행 전략으로 내세운 이른바 '해외 로케'영화를 유행처럼 만들었다. 이 장에서는 첫째, 이 시기 해외 로케이션 영화는 '영화생산의 공간'의 측면에서 본다면 침체된 한국 영화산업에 새로운 활력을 불어 넣을 수 있는, 즉 한국영화의 생산을 활성화하고 확대하기 위한 영화적 기획이었으며, 영화제작사들 간의 영화산업 지배를 위한 전략이었다고 본다. 해외 로케이션 영화는 거대한 예산이 투자되었던 이른바 '대작'영화였다. 따라서 해외의 도시공간은 무엇보다도 영화적 볼거리, 스펙터클한 이미지를 담고 있어야 했으며, 제작사는 이를 통해 극장을 떠난 관객을 다시 극장으로 불러 오고자 했다.

　둘째, 이 장에서는 이 시기(1980-1987) 해외 로케이션 영화(이하 '1980-87 해외로케이션 영화'로 표기)의 특수성을 민족적 정체성의 균열과 재봉합으로 설명한다. 이 '민족적 정체성의 균열과 재봉합'은 특히 이전과 이후 시기에 제작된 해외 로케이션 영화들과 구분되는 지점이다. 이전 시기 해외 로케이션 영화 속에서 이국적 도시공간은 단지 배경으로 존재했었지만, 1980-87 해외 로케이션 영화들은 무엇보다도 로컬의 정체성, 역사적 그리고 정치적 서사와 결속되었다. 특히, 1980-87 해외 로케이션 영화가 선택

---

* 이 글은 『통일인문학』 제67집(2016년 9월, 203-234쪽)에 실린 논문을 수정 · 보완한 것임

한 도시공간은 LA, 오사카, 도쿄와 같이 대도시이면서 동시에 한국, 즉 로컬과 역사적으로, 정치적으로 관련된 글로벌 도시공간이었다. 1980-87 해외 로케이션 영화는 이민자, 유학생, 교포2세, 아메리카 드림 등과 같이 민족과 문화의 경계선에 있었던 한국인 디아스포라의 정체성의 문제를 다루는 데 있어서 이후 시기보다 정치적으로 덜 급진적이었다. 이후 시기의 동일한 소재의 영화들은 민족 서사의 거부와 비판으로 나아갔던 것으로 볼 수 있는 반면, 1980-87 해외 로케이션 영화들은 민족 정체성에 균열을 가하지만 민족을 거부하지 않고, 민족으로 귀환한다.[1]

1980-87 해외 로케이션 영화들의 민족성 균열과 재봉합의 서사를 보기 위해, 민족적 정체성의 문제로 갈등하고 분열하고 있었던 주인공이 놓여 있었던 글로벌 도시공간을 균열과 봉합의 서사가 기층에서 작동하고 있는 '글로컬 알레고리'로 규정할 것이다. 이 '글로컬 알레고리' 속에서는 민족성, 인종, 문화적 정체성이라는 주관적이고, 근원적이고, 공동체적인 경험이 호미 바바(Homi K. Bhabha)의 식견대로 서로 협력하고, 때로는 심각하게 갈등하거나 대립하는 양상을 보이며, 이러한 생존을 위한 전략 속에서 디아스포라는 로컬과 글로벌을 넘어선 새로운 정체성 형성의 길에 놓이게 된다.

1980-87 해외 로케이션 영화의 이와 같은 시대적 특수성을 보기위해, 특히 다음 세 편의 '해외 올 로케이션' 영화, 유현목의 〈상한 갈대〉(1984), 배창호의 〈깊고 푸른 밤〉(1985), 그리고 강대진의 〈몽마르트 언덕의 상투〉(1987)를 균열과 봉합의 서사로 재독할 것이다. 이 세 편의 '해외 올 로케이션' 영화의 주인공은 모두 협력과 갈등, 그리고 대립의 경험을 통해 새

---

[1] 민족 서사의 거부와 비판으로 나아갔던 1987년 이후의 대표적 해외 로케이션 영화는 다음과 같다. 장길수의 〈아메리카 아메리카〉(1988), 〈추락하는 것은 날개가 있다〉(1990), 박광수의 〈베를린 리포트〉(1991), 장길수의 〈웨스턴 애비뉴〉(1993).

로운 정체성으로 이행하는 경계선에 놓이게 된다. 하지만, 모두 그 경계선에서 더 나아가지 못하고 멈추어 선다. 그리고 새로운 정체성 형성의 가능성 목전에서 죽음과 해결불가능과 고국으로의 귀환이라는 매우 퇴행적이고 쓸쓸한 서사를 택한다.

새로운 정체성으로 이행하기의 거부, 즉 반대로 말해, 민족으로의 귀환의 서사는 당시 영화 생산의 공간이 정부의 통제 속에 있었기 때문에 극단적으로 국가의 이념을 반영한 결과이다. 다시 말해, 이러한 균열의 퇴행적 봉합은 80년대의 정치적 억압, 경제적 성장, 그리고 해외여행의 자유화 확대와 같은 정권의 대중적 지지 증대를 위한 자유화 정책 과정에서 발생한 불균형과 균열을 다시 민족이라는 신화로 봉합하고자했던 지배적 이데올로기의 문화적 반영이다.

이와 같은 분석을 통해 이 시기 한국영화의 제작, 즉 생산의 공간이 80년대 한국영화에 대한 선행연구가 파악해왔던 것처럼, 에로영화, 외화 쿼터 획득을 위한 졸속영화 제작, 그리고 국책영화로만 채워졌던 단일한 구조가 아니라는 이해를 확대, 구축할 수 있을 것이다. 물론, 본론에서 구체적으로 언급하겠지만 해외 로케이션 영화는 결국 국가의 이데올로기를 넘어설 수 없었고, 성애 영화가 그러했듯 새로운 시각적 볼거리만을 추구하기도 했다. 하지만, 기층에서 민족의 서사를 넘어서려는 시도가 이루어지고 있었다는 점에서 이 시기 해외 로케이션 영화는 당시 한국영화의 다층적 면모를 보여준다고 할 수 있을 것이다.

1. 해외 로케이션 영화의 기획과 제작, 1980~1987

제5공화국 정부는 정권의 정통성에 대한 국민의 논란을 불식시키고, 정통성을 과시하고 결과적으로 정권의 인기를 높이려는 목적에서 의도적으로 프로야구, 프로씨름 등의 스포츠 산업의 활성화를 기획했을 뿐만 아니라, 연좌제 폐지, 야간통행금지해제, 중고등학생복장자유화, 해외여행 자유화의 확대, 공산권 거주 동포의 모국 자유왕래 보장과 같은 한국 사회의 내적 그리고 외향적 개방성을 확대하는 정치적·문화적 장치를 구축했다.[2] 영화산업과 문화역시 영화의 검열완화조치로 인해 기대에 차있었다. 영화계의 관심은 기존의 영화법(73년도)이 만든 도식적 반공과 새마을지도자상을 담은 국책지향적이고 계몽지향적 양상에서 벗어날 수 있다는 데 모아졌다. 또한 이는 외화쿼터 획득의 수단으로서의 영화제작이 초래한 졸속영화제작 풍토와 왜곡된 재투자 구조로 인해 저개발에 머물렀던 한국영화 산업의 발달에 이바지 할 것이라는 희망으로 이어졌다.[3]

하지만 80년대에 들어서도 여전히 공보부의 연간 영화시책이 제작편수를 결정했을 뿐만 아니라, 외화수입쿼터라는 막대한 이권을 우수영화와 대종상 수상작을 내놓은 제작자에게 줌으로써 영화제작의 방향과 시장에서의 수급

---

2 5공화국의 이와 같은 정권의 인기를 높이기 위한 정권의 정통성 '과시' 기획은 다음 전두환 대통령의 연설문이 명확히 보여준다. "제5공화국 정부는 국민에 대한 신뢰에 바탕을 둔 여러 가지 자율화 정책을 추구하여, 야간통금의 폐지, 해외여행 자유화의 확대, 학원 자율화 등을 실현시킴으로써 자율과 개방의 국민적 분위기를 이룩하는 데 커다란 성과를 거둔 바 있습니다."(『전두환 대통령 연설문집 제5집』, 1984년 11월 6일.) 그 외 당시 제5공화국의 정권의 인기를 높이려는 과시 정치에 대해서는 다음 자료를 참조할 것. 정길화·김환균 외 지음, 『우리들의 현대침묵사 – 한국현대사 미스터리 추적』, 해냄, 2006. 이강우, 「한국사회의 스포츠 이데올로기에 관한 연구(II): 군사정권의 미디어스포츠를 중심으로」, 『한국체육학회』 36권 2호, 1997, 2043~2058.

3 〈영화법 개정 건의안 제출〉,《경향신문》, 1980.1.22; 〈영화계에도 자율화바람〉,《동아일보》, 1980.2.22.

까지도 간접적으로 지배했다.[4] 이와 같이 한국영화산업의 방향성과 규모를 규정하는 정부통제 속에서 검열완화조치는 익히 알려진 바와 같이 한국영화산업을 흥행의 목적보다는 '쿼터따기 위한 영화'의 제작과 개봉관을 지배하는 여성의 성적편력을 그리는 '탈의영화'의 범람지로 만들어 갔다.[5] 또한 1980년대 텔레비전의 대중화와 컬러 TV의 등장으로 문화적 헤게모니가 방송매체로 옮겨감에 따라, 한국영화산업은 관객으로부터 더욱 멀어지게 된다. 1980년 새로운 시대에 대한 영화계의 기대와 달리 한국영화는 '쿼터따기 위한 영화,' '탈의영화,' '관객의 외면', '영화제작 기피,' 그리고 '영화극장'의 감소라는 표현들이 쌓여가는 불황의 영역이 되어갔다.

　퇴폐적 영화의 재생산 그리고 문공부 우수영화 방향에 맞는, 대중의 기호와 동떨어진 영화의 지속적인 제작 속에서, '해외 로케이션'이 영화제작사들 사이에서 정부의 우수영화 정책과 일치하면서 동시에 한국영화 산업의 부흥과 예술성을 되살릴 수 있는 새로운 '기획'으로 떠올랐다. 특히, 영화제작사 사이에서 '해외 로케이션'은 영화산업이 TV로 몰려간 관객층을 다시 영화관으로 불러들이기 위한 '잃어버린 관객' 되찾기의 최고의 전략으로 간주되었다.

　이러한 영화 생산의 새로운 조건에서 1981년부터 '해외 로케이션' 영화들이 기획·제작되었으며, 이후 정부의 영화시책과 당시 '에로티시즘' 영화의 경향을 반영하며 다양한 양상을 지닌 '해외 로케이션'영화의 등장으로 이어졌다.

4　안병섭, 〈한국영화 이대로 좋은가〉, 《경향신문》, 1980.1.25.

5　김윤아, 「80년대 한국영화의 장르추세 연구」, 『영화연구』 17호, 2001, 184~220쪽; Lee Yun-Jong, "Women in Ethnocultural Reil: South Korean Nationalist Erotic Films of the 1980s," *Journal of Korean Studies*, Vol.21, No.1, 2016, pp.101~135.

1981년과 1982년 '해외 로케이션' 영화로 〈탄야〉, 〈여명의 눈동자〉, 〈죽음의 12계단〉, 〈제이슨 리〉, 〈여자 정신대〉, 〈거대한 도박〉, 〈불타는 사막〉, 〈윤자의 거리〉가 기획되었다. 〈거대한 도박〉은 "전체영화의 30%를 미국 라스베이가스에서 로케할 것"으로 알려졌으며, 〈윤자의 거리〉는 일본영화계의 신인 등용문 중에 하나인 성호상 시나리오 공모에 입선한 재일교포 소년 김수길의 시나리오로, 이는 일본 오사까 현지 올로케이션으로 기획되었다. 특히 이 작품의 기획의도는 "일본 속에서 강하게 한국인의 긍지를 갖고 사는 교포들의 리얼한 실태를" 보여주는 것이었다. 이 중에서 실제로 완성 개봉한 영화는 〈탄야〉(노세한, 1982) 한편뿐이었지만, 제작사에게 해외 로케이션 영화의 기획은 에로티시즘으로 범람하는 한국영화의 풍토를 개선하고 관객의 시선을 다시 영화관으로 돌릴 수 있는 유일한 대안으로 간주되었다. 해외 로케이션 영화는 새로운 영화적 '볼거리'로서 해외의 도시공간을 선택했지만, 동시에 정부의 영화시책을 반영함으로써 우수영화로의 선정을 의도하고 있었다. 따라서 중동에 파견 간 근로자의 이야기를 다루는 〈불타는 사막〉과 같이 정부가 좋아할 소재, 로컬의 색채가 틈입한 작품들 또한 기획되었다.[6]

1983년 해외 로케이션 영화로 기획된 영화는 〈3일낮 3일밤〉, 〈땅〉, 〈킬러〉, 〈에덴의 서쪽〉 등이 있다. 〈땅〉은 신한영화사가 기획한 작품으로, 말썽꾸러기 청년이 할아버지의 감화를 받아 인도네시아에 진출한 기업에서 기술자로 취업, 진실을 찾는다는 내용이다. 〈3일낮 3일밤〉은 미국에서 우연히 만난 여인과의 사이에서 낳은 아들이 한국의 아버지를 찾아오는 내용을 다루는 작품이다. 〈킬러〉는 조총련의 내분을 폭로하는 작품으로 기획되었다.

---

6 〈영화계 해외 로케 붐〉, 《경향신문》, 1982.8.24; 〈대작 영화 해외 로케붐〉, 《경향신문》, 1981.2.25.

이 시기에 기획, 제작된 해외 로케이션 영화 역시 이전과 마찬가지로 TV와의 다른 볼거리를 제공하기 위한 목적에서 제작되었지만, 동시에 우수영화 선정과 대종상 수상작으로 선정되어 외화쿼터를 받기 위한 목적과 연결되어 있었기 때문에 여전히 정부의 영화시책이 제안하는 계몽, 문예, 그리고 안보에서 벗어날 수는 없었다.[7]

이러한 자생적인 제작사의 노력 속에서 해외 로케이션을 흥행 전략으로 내세운 영화들이 1984년에 더욱 증가한다. 이두용의 〈낮과 밤〉(1984), 최하원의 〈초대받은 성웅들〉(1984), 유현목의 〈상한 갈대〉(1984), 그리고 변장호의 〈사랑 그리고 이별〉(1984)이 개봉했다. 〈낮과 밤〉은 미국, 아프리카, 유럽, 호주, 동남아시아에서 촬영된 이 시기 가장 규모가 큰 영화였다. 1984년에 해외 로케이션 영화로 동아수출공사는 미국 올로케 영화로 살인누명을 쓴 재미동포 이철수를 재미동포 사회가 나서 무죄를 입증한 실화를 다룬 〈이철수 사건〉을 기획한다.

1985년 영화법 개정과 함께 '해외 로케이션' 영화 제작에 대한 기대감이 더욱 높아진다.[8] 영화제작사 설립이 자유화됨에 따라 흥행성을 앞세워 영화 시장의 선점을 위한 제작사의 과감한 투자가 '해외 로케이션' 영화 제작의 증가로 이어졌다.[9] 하지만 이 시기 해외 로케이션 영화 제작은 앞의 시기와 달리 정부의 영화정책의 직접적인 결과이기도 했다. 그동안 문공부는 영화시책을 통해 외국인 배우 출연작품을 한 작품으로 제한함으로써 폭력, 권법, 괴기 소재의 무분별한 합작영화의 제작을 규제해왔다. 하지만 이번 개정 영화법 이후 문공부는 한국영화의 해외영화시장 확대를 위해 해외 로케이션,

---

7 〈해외 로케 합작으로 활로 찾는 영화계〉, 《경향신문》, 1983.4.20.
8 〈문공부 영화진흥책 외화 수입업자 예탁금 10억원 내게〉, 《동아일보》, 1985.1.22.
9 〈영화 해외 올로케 제작붐〉, 《경향신문》, 1985.3.14.

외국인 출연, 합작 영화 허가의 폭을 확대하는 영화산업 진흥정책을 마련했다.[10] 이러한 측면에서 본다면, 1985년 이후 한국영화에 등장한 이국적 공간은 제작사의 자구적 노력일 뿐만 아니라 동시에 국가 영화 정책이 생산한 것이라고 볼 수 있다.

1985년 이후부터 1987년 말까지 영화시책을 반영하며 동시에 제작사의 영화시장 선점을 위한 전략으로 만들어진 해외 로케이션 영화들은 다음과 같다. 배창호의 〈깊고 푸른 밤〉(1985), 문여송의 〈안녕 도오쿄〉(1985), 설태호의 〈LA 용팔이〉(1986), 설태호의 〈스잔나의 체험〉(1986), 이혁수의 〈오사까 대부〉(1986), 강대진의 〈몽마르트 언덕의 상투〉(1987), 김기의 〈'87 유정〉(1987), 변장호의 〈이브의 건넌방〉(1987). 특히 〈깊고 푸른 밤〉의 흥행 성공은 해외올로케이션 영화의 증가로 이어져, 1986년과 1987년에 해외 올로케 영화가 대거 등장하게 된다.

이 시기 등장한 해외 로케이션 영화 중에서 주목할 부분은 반공, 에로티시즘, 폭력, 그리고 이국적 풍경의 뒤섞임이다. 다음 해외로케 영화의 반공적 색채는 노골적이었다. 설태호의 〈스잔나의 체험〉에서 한국의 과학자 강성준의 새로운 컴퓨터 개발 연구성과를 빼앗는 악당은 북괴를 돕는 불순집단이다. 이혁수의 〈오사까 대부〉는 악당으로 조총련을 설정한다. 이러한 반공의 서사를 지닌 영화의 특징적 양상은 에로티시즘, 폭력, 그리고 반공의 이미지가 하나의 일관된 서사로 연결되어 응집하지 않는다는 점이다. 여기서 반공, 에로티시즘, 폭력의 이미지는 각자의 목적만을 가지고 등장한다.

〈안녕 도오쿄〉(1985)는 이러한 시대적 요구를 반영한 이미지들의 불협화음을 고스란히 담고 있다. 영화는 외신부 기자 희정이 'New Tokyo

10 〈영화제작 쉬워진다〉, 《경향신문》, 1986. 4. 2.

Airport'에 도착하면서 시작한다. 마중 나온 도쿄 지사의 동료 기자 상준의 안내를 받으며, 그녀의 도쿄 여행은 시작된다. 희정은 도쿄 시내, 신사, 긴자 거리에 있는 커다란 세이코(SEIKO) 시계탑, 히라주쿠 거리, 일본 천황의 집을 차례로 구경한다. '일본 속에 가장 한국적인 모습'을 보여준다며 상준은 그녀를 주점으로 데리고 간다. 희정은 여기서 일하는 한국인 여성들의 실상에 관심을 가지게 된다. 그리고 영화는 그 실상을 보여주기 위한 목적으로 이 영화의 악당인 조총련으로 상징되는 후지까와 조직이 운영하는 퇴폐적 공간으로 이동한다. 그곳에서는 동성애와 노골적인 성애장면이 펼쳐진다. 희정이 자신의 조직을 조사하기 시작했음을 안 후지까와는 그녀를 납치해 제거하려고 하지만 계속 실패한다. 반복되는 납치의 실패와 일본 여행이 서로 교차되면서 폭력과 이국적 풍경의 이미지가 서로 교차한다. 희정은 노천탕과 후지산을 차례로 경험하고 구경한다. 그녀가 이렇게 지속적으로 납치되는 상황 속에서 여행을 계속하는 데는 어떠한 서사적 필연성은 없다. 또한 그녀는 처음에 가졌던 마음과 달리 한국여성들의 실체를 알기 위한 조사를 적극적으로 펼치지 않는다. 대신 자본주의 진영의 반대편에서 활동하는 정치평론가인 후지까와의 실체를 파악하려는 데로 그녀의 관심이 이동한다. 영화의 결말 부분에서 그동안 불연속적이었던 반공, 스펙터클 그리고 에로티시즘의 이미지는 집결한다. 후지까와는 처음 그녀가 의심을 품었던 주점의 사장이자, 일본 내에서 가장 규모가 큰 매음조직을 운영하고 있는 폭력집단의 두목이다. 후지까와는 희정과 상준을 납치해 그들의 본거지로 데려온다. 후지까와의 본거지는 어둡고 붉은 색으로 가득하며, 성애장면들로 가득하다. 상준과 희정의 탈출의 서사는 후지까와가 상준의 아버지와 어머니를 살해했던 '이도향'으로 밝혀지면서 후지까와에 대한 복수로 뒤바뀐다. 여기서, 후지까와는 완벽한 악의 화신이 되고, 결국 상준의 총에 맞고 죽는다.

이러한 반공, 에로티시즘, 그리고 이국적 이미지로 구성된 반공 해외로케 영화는 이 시대 에로영화와 국책영화들의 전형성을 반영한다고 볼 수 있다. 이들 영화는 80년대 지속적으로 생산되는 에로티시즘과 폭력적인 색채의 영화로부터 자유롭기 힘들었고, 흥행을 위해 해외로케를 떠나는 영화들의 증가로부터 또한 자유롭지 않았으며, 반공과 민족의 내용을 담아 외화쿼터를 따야하는 국가 통제하의 한국영화제작의 현실로부터 또한 자유롭지 않았던 것이다.

2. '올현지로케' 영화의 글로컬 알레고리

이 시기 상업적 전략과 정책적 허가 속에서 일어난 해외 로케이션 영화의 제작 붐에서 주목할 점은 글로벌 도시공간에 동시대의 인종 그리고 민족성의 가장자리에 살고 있는 이들을 위치시키는 수사학을 보여주는 영화들의 등장이다. 이들 작품에서 에로티시즘은 여전히 곳곳에서 시대적 요구를 반영하며 등장하지만 가장자리의 서사 속에서 관객의 시선을 덜 끌고 있었다. 대신, 글로벌 도시공간 속에서 로컬공간에서 야기된 문제, 즉 떠나온 고향을 끊임없이 환기시키는 인종적 그리고 민족적 정체성의 문제가 관객의 시선을 끌었다.

〈상한 갈대〉의 한국인과 흑인의 혼혈아 토니, 아메리칸 드림을 꿈꾸며 미국 시민이 되기 위해 민족성을 철저히 이용하고 동시에 그 흔적을 지워야 했던 〈깊고 푸른 밤〉의 이민자 백호빈, 그리고 프랑스의 파리라는 예술계의 제국의 질서에 편입하지 못해 방황하는 〈몽마르트 언덕의 상투〉의 유학생 이진호. 호미 바바의 표현을 빌리자면, 이들 디아스포라 주체는 모두 글로벌 도시공간 속에서 인종, 민족성, 그리고 문화적 정체성이라는 "근원적이고 기원적인 주체성"의 문제로 인해 "방향감각"을 상실한다.[11] 고향을 떠나온 디아스포라 주체는 인종적 차이와 동일시, 동포애와 동질화, 그리고 포함과 배제가 복합적으로 길항하는 서사 속에 놓였다. 호미 바바는 이러한 글로벌 공간에 로컬의 정체성의 문제가 틈입함으로써 만들어지는 혼성적 공간과 주체에 관심을 가졌다. 그는 이 공간이 그동안 비평의 대상이 되지 않았음을 지적했다. 특히 이 주체를 이 시대의 전환점에서 아직 명확하지 않은, 하지만 곧 우리가 살게 될 공간을 먼저 탐색하고 있는 전위부대로 보았다. 따라서, 호미 바바는 '과거'라는 정체성과 '현재'의 글로벌 공간 "사이에 낀" 곳에서, 다시 말해 근원적이고 기원적인 문제와 이를 공유하지 않는 이질적 공간의 중첩으로 "새로운 정체성의 기호"가 형성되고, 이는 방향감각을 상실한 주체들이 택해야하는 새로운 정체성을 모색하는 데 필요한 전략을 위한 영역이 된다고 말한다.[12]

이러한 호미 바바의 탈식민주의 문학비평이론에 기대어 본다면, 이 시기 위 두 편의 해외 로케이션 영화에서 글로컬 도시공간과 로컬의 정체성이 중첩된 혼성적인 '글로컬' 이미지는 알레고리적이다.[13] 왜냐하면, 이 혼성적인 글로컬 이미지는 한국인 디아스포라 주체의 방향감각 상실의 근원적 원인인 현실과 이상 사이, 다시 말해 글로벌 도시공간과 로컬(이민자) 사이의 불일치를 노출시키고 이를 넘어선 주체가 되려고 하는 이들의 절박한 갈등구조를 보여주기 때문이다.

이 '글로컬 알레고리' 속에서는 민족성, 인종, 문화적 정체성이라는 주관적

---

11 호미 바바, 나병철 옮김, 『문화의 위치: 탈식민주의 문화이론』(수정판), 소명출판사, 2012, 28쪽.

12 위의 책, 29쪽.

13 발터 벤야민의 알레고리 개념에 대해서는 다음 논문을 참조함. 정의진, 「발터 벤야민의 알레고리의 역사 시학적 함의」, 『비평문학』 41호, 2011, 387-423쪽.

이고, 근원적이고, 공동체적인 경험이 바바의 식견대로 "협력적"이면서도, "심각하게 갈등하고," 동시에 "적대적"인 양상을 보인다.[14] 이러한 디아스포라 주체의 생존을 위한 전략 속에서 바바는 새로운 정체성이 형성된다고 보았다. 이 두 편의 해외올로케 영화의 주인공은 방향감각을 상실하지만 모두 이 새로운 정체성으로 이행하는 경계선에서 멈춰 선다. 그리고 죽음, 해결불가능, 그리고 고국으로의 귀환이라는 퇴행적이고 쓸쓸한 서사를 택한다. 새로운 정체성으로 이행하기의 거부, 즉 반대로 말해, 귀환의 서사는 이데올로기적이다. 왜냐하면 이는 서론에서 언급한 바와 같이 80년대의 균열 사이에서 새롭게 형성되는 정체성을 향해 다시 민족이라는 신화화된 자연스러운 것으로 그만 돌아가기를 요구했던 한국 사회의 지배적 이데올로기의 반영이기 때문이다.

3. 혼혈아 로미오의 정신분열: 〈상한 갈대〉

〈상한 갈대〉의 글로벌 도시 맨하튼은 민족성의 균열과 재봉합이 작동하는 글로컬 알레고리이다. 이 영화에서 백인 우월의식이라는 진부한 전통을 지키고 있는 가문의 딸 수잔과 흑인 토니는 서로 불가능한 사랑에 도전한다. 인종적 차이를 넘은 이 둘의 사랑은 결국 수잔의 죽음으로 이루어지지 않는다. 대신 수잔의 죽음으로 백인 우월의식의 담지자 수잔의 오빠 조지와 토니는 서로 화해하게 된다. 주인공 토니는 인종적 차이에서 오는 불가능한 사랑을 추구했기에 블랙 로미오로 불린다. 하지만 더 정확히 토니는 한국인 어머니와 미국 흑인 아버지 사이의 혼혈아 로미오이다. 이처럼 토니를 둘러싼 인

---

14 호미 바바, 앞의 책, 29쪽.

물들의 인종적 역학 관계는 흑인과 백인, 황인과 백인이라는 이항관계 그 이상이다. 혼혈아 로미오 토니는 식민지적 주체의 익숙한 이분법적 질서(흑/백)에서 조차 이방인으로 살아가야 하는 황/흑의 혼혈아이기 때문이다. 즉 토니에게는 자신이 속해 있던 곳으로 돌아가려는 탈식민지적 혹은 노스텔지아로 표출되는 이민자의 반동일시 자체가 분열의 원인이 된다. 토니는 어머니의 나라도 싫고, 아버지의 나라도 싫다. 그 어느 곳에서도 인간적 대접을 받지 못했기 때문이다. 그의 다인종 정체성 그 자체는 길항관계에 있었다.

따라서 어머니의 나라와 아버지의 나라 모두에서 영원히 소외된 혼혈아 토니는 절대적인 탈인격화의 상태에 살고 있으며, 이 탈인격화는 그가 거주하는 도시공간 곳곳에서 표출된다. 미국사회(하와이, 뉴욕)는 아버지의 나라로 돌아가려는 토니에게 적대적이다. 토니의 매혹적인 목소리를 사랑한 수잔은 토니를 그 누구보다도 편견 없이 그 자체를 사랑한다. 하지만, 이 둘을 둘러싼 백인사회는 수잔의 사랑을 순수하게 받아들이려는 토니를 인종적 인격의 소외를 불러일으키는 '언어'를 통해 끊임없이 절박한 상태로 미끄러지게 한다. 예를 들어, 수잔의 생일날 토니는 바에서 노래를 부르고 목걸이를 선물한다. 인종적 이항관계를 넘어선 이 둘의 사랑이 이루어지는 순간. 그녀의 오빠가 끼어들며, 이렇게 말한다.

"네 같은 놈을 위해서 화장실에 거울이 붙었어. 네 얼굴을 한번 똑똑히 비춰봐. 네 놈은 한국전쟁터에서 뿌려졌던 더러운 씨야. 그 꼴에 내 동생을 가로채려고 해!"

"네 놈은 한국전쟁터에서 뿌려졌던 더러운 씨야." 토니가 사랑하는 백인여성 수잔의 오빠가 던진 이 말은 그 어떤 피부색으로도 환원될 수 없는 토니의 인종적 정체성에 대한 역사적 설명이다. 토니는 흑인의 씨였기에 더욱 더

러웠다. 그리고 이 정신분석학적 자기 실험을 요구하는 조지의 명령은 토니의 방향상실을 야기해왔던 사회의 인종적 편견 모두를 불러다가 앞에 세운다. 화장실 거울 앞으로 끌려간 토니는 눈을 감음으로써 거울에 반사된 자신의 모습과 자신 사이에 막을 친다. 다시 확인된 혼혈아 정체성과 인종적 소외감은 어머니를 향한 적대적 태도와 원망으로 전이된다.

> 토니: "난 내 얼굴을 볼 때마다 엄마가 싫다고."
> 엄마: "왜 얼굴이 검어서? 사내자식이 얼굴이 검다고 이 지경이 되어야 한다니! 너희 아버지는 검은 피부를 갖고도 어디서나 떳떳하고 훌륭하셨어."
> 토니: "그건 전쟁터였고 군인이었으니까"
> 엄마: "다를 게 없어, 너는 지금 미국사회에 살고 있어.
>   여긴 피부가 검은 사람들이 모두 떳떳하게 살고 있잖니!"
> 토니: "난 사람 대접을 받고 싶다고. 난 어디가나 더럽고 불결한 놈이야.
>   지금도 옛날도 오늘도. 난 그런 취급만 받아왔어." (중략)
>   난 그런 놈들보다도 엄마가 더 밉다고! 미워! 난 사람대접을 받고 싶어."

토니의 이와 같은 어머니를 향한 원망의 목소리와 그를 향한 비인격적인 언어들은 그가 속하고자 하는 공간에 균열을 일으키고 그곳을 낯설게 만든다. 따라서 그는 어머니의 곁에 있을 수 없다.

그는 어머니가 일하고 거주하는 맨해튼의 주변부로 간다. 그는 브룩클린 다리(Brooklyn Bridge) 아래 버려진 가건물에서 비슷한 처지에 처한 유색인 친구들과 지낼 때 안락함과 소속감을 느낀다. 도시의 중심부에서 그는 차별받고, 이에 대한 대항범죄를 저지르고, 인격적 모욕을 당하지만 브룩클린 다리 아래에서는 그렇지가 않다. 그곳은 집은 아니지만 집보다 낯설지가 않기에 집보다 편하다. 집과 도시를 떠났을 때 그는 집의 편안함을 느낀다.

토니는 하지만 이곳을 영원한 집으로 생각하지는 않는다. 그는 수잔과의 사랑을 위해 끊임없이 도시 안으로 들어선다. 하지만 그의 동일화(도시공간에서 백인사회의 일원이 되기)의 노력은 백인우월주의자 조지와 그의 친구들에 의해 저지당하고 이용당할 뿐이다. 대표적인 장면은 이렇다. 조지는 토니에게 거래를 제안한다. 조지는 수잔과의 교제를 허락하는 조건으로 다이아몬드 5 캐럿을 요구한다. 토니와 그의 유색인 친구는 보석상에서 다이아몬드를 훔친다. 조지에게 훔친 다이아몬드를 건네고 수잔을 만나러 가지만 조지의 신고로 토니는 붙잡힌다. 토니 어머니는 토니의 변호사 비용과 보석금을 마련하기 위해 식당과 집을 처분하고 도시 변두리로 옮겨간다. 감옥에서 나온 토니는 집으로 가지 않고 여전히 방황하다가 경제적인 이유로 거리로 나온 여동생과 여전히 자신에 대한 사랑을 버리지 않고 돌아오기만을 기다리며 밤낮 없이 힘들게 일하는 어머니의 모습을 보고, 다시 집으로 돌아가기로 결심한다.

토니의 집으로의 귀향은 브룩클린 다리 아래의 '집'을 버리고 떠나오는 것이 아닌, 그곳에서부터 새로운 삶이 피어나는 것으로 유현목 감독은 설정한다. 이러한 이유에서 브룩클린 다리 아래라는 어둡고 버려진 공간에서 순수한 사랑의 가능성이 생겨난다. 수잔과 토니의 어머니는 브룩클린 다리 아래에서 우연히 만난다. 인종적 이항대립을 넘어서 토니를 진정으로 사랑하는 수잔을 보고 어머니는 그녀를 끌어안는다. 또한 그곳에서 토니와 수잔은 재회하고 미래를 약속한다. 브룩클린 다리 아래에서 일어나는 순수한 사랑의 가능성은 맨해튼 도심을 배경으로 펼쳐진다.

이때 이 도시공간은 토니가 떠나왔던 동일한 공간이지만 이제 돌아갈 곳이다. 버려진 건물에 가려서 때로는 무너진 벽 너머로 완전하지 않은 모습으로 보여 졌던 글로벌 도시공간 맨해튼의 이미지는 이제 완전한 형태로 등장한다. 이러한 공간화 양상의 변화는 글로벌 도시공간에 내재된 인종적 차이와 동일시 그리고 배제와 포함의 이항대립적 의미를 수정하고, 도시공간을 돌아갈 '집'으로 치환한다.

하지만 〈상한 갈대〉는 여기서 비극이라는 진부한 대가를 요구한다. 브룩클린 다리 아래에서 결혼을 결심한 토니와 수잔이 어머니에게 말하러 가는 순간, 조지의 친구들이 등장해, 토니를 탈인격화하는 언어를 뱉으며, 이 둘의 순수한 사랑에 끼어든다.

> 조지의 친구: "그래 너의 누런 엄마가 너의 검은 가족을 몹시도 아끼더라!"
> 수잔: "토니! 우리 아기를 생각해봐. 제발!"
> 조지의 친구: "아기? 그래 그 더러운 피로 수잔을 더럽혔단 말이지!
>   이봐 블랙 로미오 이빨을 드러내봐! 어서! 깜둥아!"

토니는 인종적 이항대립과 방향상실을 불러일으키는 언어를 뒤로 한 채 걸어간다. 어떠한 대항폭력으로 대응하지 않고 말없이 걸어가는 토니의 행위는 그를 위해 기도하는 어머니의 모습("저 길 잃은 탕아들에게 주님의 복음을 전하고 있는 저 사람은 누구이옵니까?" "저 것은 네 아들이니라!")과 연결된다. 이러한 언어적 자극에도 대응하지 않는 토니를 향한 조지의 칼이 결국 수잔을 찌른다. 죽은 수잔을 껴안으며 토니는 이렇게 오열한다. "넌 아마도 이 깜둥이에게 찾아온 천사였어." 수잔의 죽음으로 수잔 오빠와 토니는 서로 화해하고, 원망과 절망으로 자신의 삶을 던졌던 토니는 다시 어머니의 집으로 돌아간다. 이렇게 수잔의 죽음으로 토니를 둘러싼 인종적 길항관계는 끝난다.

하지만 '수잔의 죽음' 서사는 동시에 혼혈아 혈통에 대한 거부와 종식으로 독해 가능하다. 이 지점에서 토니 어머니가 전하는 흑인 아버지 샤뮤엘씨의 혼혈가 전통에 눈을 돌려본다. 그는 순수한 흑인이 아닌 영국인과 흑인의 혼혈이다. 따라서 토니와 수잔의 사랑은 그리고 배 속의 아기는 이 토니의 혼혈 전통의 연속의 가능성이었다. 하지만 수잔의 죽음이라는 비극은 이 전통의 불가능성이자 거부의 수사학이다. 백인 수잔의 죽음이 인종적 이항대립을 지우는 계기가 되었고, 토니가 어머니의 집으로의 돌아가는 계기가 되었지만, 그의 혼혈 전통의 연속성에 대해서는 그 자체로 비극인 것이다. 앞서 언급했듯, 글로벌 도시공간 속 방향감각을 상실한 로컬의 이미지는 새로운 정체성의 가능성의 계기가 된다고 호미 바바는 보았다. 이러한 관점에서 본다면, 수잔과 토니의 순수한 사랑의 불가능은 새로운 정체성의 부정 혹은 거부로 수정된다.

그렇다면 어떠한 사회적 질서와 흐름이 이러한 의미의 수정을 요구했을까? 글로벌의 질서로 편입하기 위해 노력하는 80년대 한국 사회의 어떠한 공동체적 경험이 혹은 인식이 글로벌 도시공간에서 새롭게 탄생하는 한국인과 흑인 사이의 혼혈 혈통에 불가능한 서사적 결말을 요구했던 것일까? 수잔을 향해 토니의 어머니는 이렇게 고백했었다. "난 양공주가 아니란다." 양공주가 아님을 알아달라고 호소하는 토니 어머니의 말을 앞의 물음에 중첩해보면, 이에 대한 대답은 좀 더 확실해 진다. 80년대 한국은 글로벌 세계로의 편입 앞에서 그리고 전쟁과 미국과의 식민지적 관계 속에서 급진적으로 변하는 사회적 문화적 질서 혹은 생존을 위한 다양한 전략 앞에서 위기의식을 앓고 있었다. 이 위기감은 〈상한 갈대〉의 결론처럼 혼혈전통에 대한 부정, 그리고 양공주와 같은 비극적 운명을 지닌 이들에 대한 거부와 같이 위기의 시대에 등장했던 가장 새로운 정체성을 부정하는 방식으로 표출되었던 것으로 볼 수 있다.

4. 젊은 디아스포라 주체의 죽음: 〈깊고 푸른 밤〉

〈깊고 푸른 밤〉의 아메리칸 드림을 꿈꾸며 기원적 민족성과 협력하면서, 갈등하고, 적대적인 전략을 펼치는 혼성적 주체인 백호빈에게 귀를 기울여보자. 그는 분명 '천사의 도시'로 불리는 글로벌 도시 로스앤젤레스의 혼성적 주체이다. 그는 한국에 아내를 두고 미국으로 왔다. 영주권을 획득한 이후 아내와 배 속의 아이를 미국으로 초대하는 것이 그가 먼저 미국으로 온 이유이자, 글로벌 도시공간 속 로컬에게 주어진 과제이다. 한국인 아내와 곧 태어날 아이를 둔 유부남이라는 로컬의 정체성을 가진 백호빈. 그는 영주권을 얻기 위한 목적에서 미혼 남성으로 자신의 로컬 정체성을 수정하고 제인과 계약결혼을 한다. 글로벌 결혼으로 인해 백호빈은 결국 글로컬 유부남이라는 혼성적 정체성을 가진다. 글로컬 유부남이라는 혼성적 정체성은 백호빈이 로스앤젤레스라는 글로벌 도시공간에서 생존하기 위해서 스스로 선택한 것이다. 그렇기 때문에, 그는 적극적으로 로컬과 협력한다. 하지만 이는 영주권 취득이라는 완전한 글로벌이 되기 위한 일시적 방편이기에 민족적인 것과의 협력은 늘 갈등을 야기하고 적대적인 빗면을 드러낸다.

이 시기 도시공간에 관한 영화와 마찬가지로, 백호빈의 혼성적 정체성은 글로벌 도시공간의 경계선으로 그를 위치시키는 공간화의 방식으로 표출된다. 아내의 육성편지가 담긴 카세트테이프가 백호빈의 집에 도착한다. 그는 이 테이프를 듣기위해 LA의 경계선으로 이동한다. 저 멀리 도시가 배경으로 보이는 언덕 위에 차를 세운다. 그리고 카세트테이프를 튼다. 고국에 있는 아내의 목소리가 흘러나온다.

"사랑하는 당신. 당신의 편지는 잘 받았어요. 보내주신 돈도 잘 받았고요. 꿈속에 자주 당신의 모습이 보여요. 벌써 당신이 떠난 지 5개월이 넘었군요.

배 속에 아이는 잘 자라고 있어요. 요즘은 배 속에서 맹렬하게 움직이고 있어요. 아마 축구 선수를 낳으려는가 봐요. 난 무서워요. 당신의 곁에 없을 때 나혼자 아이를 낳게 되는 게 아닐까요. 모든 일이 잘 되고 있는지요? 잘 되지 않을 바엔 아예 일찌감치 돌아오는 것이 어떨까요? 당신은 멀리 있고 난 홀로 떨어져 있으니 불안해서 미칠 것만 같아요. 보고 싶어요! 여보."

글로벌 도시공간에서의 일상적 삶의 수면 아래에 잠겨있던 고국을 떠난 이유가 소리를 내며 이 도시공간 속의 백호빈을 낯설게 만든다. 백호빈이 아내의 육성편지를 듣기 위해 차를 몰고 도시의 외각, 즉 경계선으로 향하는 것은 그의 혼성적 정체성을 보여주기 위한 배창호의 공간화 전략이다. 경계선에서 백호빈의 로컬 정체성이 소리를 내며, 글로컬 유부남이라는 혼성적 주체성, 즉 로컬과 글로벌의 경계에 서 있는 정체성이 모습을 드러냈던 것이다.

특히 백호빈이 머물게 되는 제인의 집은 민족적 정체성의 균열이라는 새로운 서사가 작동하는 가장 글로컬한 공간으로 작동한다. 불법 취업 단속으로 직업을 잃게된 백호빈은 제인에게 '동거'를 제안한다. 동거는 백호빈과 제인, 둘 사이의 계약결혼 조건에 없었다. 백호빈이 계약결혼 조건에도 없었던 동거를 제안할 수밖에 없었던 것은 직장을 잃은 그가 글로벌 도시에서 생존하기 위한 최후의 방법이었다. 즉, 이는 생존을 위해 백호빈이 떠나온 민족과 맺은 절박한 협력이다. 한편, 이 동거는 그동안 제인이 갈망해왔던 것, 즉 민족적 정체성을 채워줄 수 있는 기회였다. 이렇게 서로의 필요에 의해 성립된 동거가 이루어지는 제인의 집은 〈깊고 푸른 밤〉에서 가장 극적인 공간이 된다. 그곳에서 이 둘은 각자의 목적을 위해 협력하지만, 서로 엇갈린 이해 속에서 갈등하고 적대적 상황에 놓이기까지 한다. 이러한 과정에서 이 집은 이 둘에게, 물론 각자의 목적은 다르지만, 낯선 곳, 즉 떠나야하는 공간으로 변한다.

제인의 전남편인 마이크가 제인의 집 근처로 출장을 온다. 덕분에 그녀는 그동안 떨어져 지냈던 딸을 다시 만나게 되고, 마이크의 허락으로 며칠 동안 같이 지낼 수 있게 된다. 아무런 영문도 모른 채 집에 돌아온 백호빈에게 제인은 사랑스러운 남편의 모습을 해달라고 부탁한다. 그녀는 마이크 앞에서 행복한 부부의 모습을 보여주고 싶었던 것이다. 그날 저녁 마이크가 아무런 예고 없이 딸을 데리러 온다. 출장이 취소되어 돌아가야 한다는 것. 자고 있는 아이를 깨워서 데리고 가려는 마이크를 향해 그녀는 며칠만 더 같이 있게 해달라고 부탁하지만, 마이크는 그녀의 부탁을 받아주지 않는다. 술에 취해 있었던 그녀는 마이크의 냉정한 태도에 격분하고 급기야 총을 겨눈다. 이 때 백호빈이 그녀를 진정시킨다. 그날 밤 그녀는 "여기가 어딘 줄 아세요?"라고 질문을 던지며 자신의 과거를 털어 놓는다.

"여긴 사막이에요. 풀 한 포기 나지 않는 사막이라고요. 난 철부지 어린 나이 때 마이크와 결혼했어요. 미국에 오고 싶었던 거죠. 미국에 오면 매일 밤마다 파티에 나가는 줄 알았어요. 바다가 보이는 큰 저택에서 많은 사람들이 같이 춤을 추고 롱드레스를 입고 말이에요. 영화에서 보는 것처럼. 내가 미국에 처음 도착한 곳은 텍사스의 아주 작은 시골이었어요. 마이크가 근무를 나가면, 난 집 앞 벤치에 앉아 황야에 흙먼지만 봐야 했어요. 난 그보다 더 견딜 수 없었던 것은 마이크 때문이었어요. 그 사람은 술에 취해서 들어오면 날 마구 때렸어요. 울면서 흑인이기 때문에 받았던 설움을 나한테 퍼부었던 거죠. 난 결국 도망치고 말았어요."

이 사건을 통해 제인의 집은 이제 협력적인 관계를 위해 분리되었던 공간에서 사적인 기억과 감정을 공유하는 경계 없는 공간으로 바뀐다. 어느 날 이민국 직원이 이들의 결혼생활의 진위여부를 확인하기 위해 느닷없이 찾아오게 되면서 제인의 집은 이 둘을 위한 더욱 사적인 공간으로 변화된다. 백호빈과 제인은 안방 테이블에 결혼사진을 올려놓고, 옷장에 서로의 옷을 채워 넣고, 섹스 횟수와 요일을 정함으로써 완벽한 부부로 위장한다. 이는 계약결혼임이 들키게 되면 추방되어 한국으로 돌아가야하는 백호빈과 감옥으로 가야하는 제인 모두에게 절박한 협력이었다. 이민국 직원은 백호빈에게 부부라면 알아야하는 사적인 것들에 대해 묻는다. 제인의 한국이름을 묻는 질문에 말이 막힌 백호빈은 "I love America! You know, America is the greatest country in the world. America is the country of freedom, liberty, and opportunity! That's why I live here."라고 말하고, 미국 국가를 불러 위기를 모면한다. 이 사건을 통해 이 둘은 그리고 이 공간은 더욱 하나가 된다.

하지만, 서로의 경계선이 사라진 제인의 집은 백호빈이 영주권을 받게 되면서 둘 모두에게 낯선 공간으로 변하게 된다. 영주권을 받은 이후, 백호빈은 계약결혼의 대가로 그녀에게 지불해야하는 돈의 잔금 5천 달러를 마련하기 위해 열심히 일을 하면서 제인의 집을 떠날 준비를 한다. 그가 떠나는 날 제인은 몰래 백호빈의 여행가방에 든 오디오편지를 듣고, 유부남이라는 그의 로컬 정체성을 알게 된다. 그리고 5천 달러를 건네기 위해 그녀가 일하는 술집으로 찾아온 백호빈에게 자신이 계약결혼을 하게 된 이유를 설명하고는 "당신은 내 마지막 남편이 될 거예요"라고 말한다. 그녀는 백호빈을 붙잡기 위해 급기야 그의 아이를 가졌다는 거짓말을 한다. 이제 혼성적 글로컬 정체성에서 자신의 로컬 정체성으로 돌아 가야하는 백호빈은 그의 삶에 끼어 든 그녀에게 적대적으로 대한다. 그녀 몰래 아이를 유산시키기 위해 음식에 약을 넣고, 그녀를 강간하기까지 한다. 이때 백호빈에게 사기 당했던 미세스 한이 극적으로 다시 등장한다. 백호빈은 미세스 한으로부터 도망치기 위해서 그리고 제인을 죽이려는 목적에서, 한국의 아내가 출산 도중에 아이와 함께 죽었다고 거짓말을 하고 그녀에게 이곳을 떠나 같이 샌프란시스코로 가서 살자고 제안한다.

이러한 일련의 적대적 관계와 음모 속에서 이 둘이 함께 동거하면서 경계 없는 공간으로 변했던 제인의 집은 이제 버려두고 떠나야 하는 장소로 뒤바뀌며, 이 과정에서 이들의 이민자로서의 자기 정체성이 드러난다. 결국 영주권의 유무를 떠나 이방인으로 살아가는 이들에게 영원한 집, 지켜야하는 집이란 이 도시 어디에도 없다. 그렇기 때문에 이들의 이동은 자유롭고 선택가능하고 항상 유동적일 수밖에 없다.

제인과 백호빈은 함께 LA를 떠난다. 샌프란시스코로 가는 도중 사막의 계곡에서 백호빈은 그녀를 죽이려 한다. 그의 아이를 가졌다는 것은 거짓말이었다고 제인은 고백한다. 그녀를 죽일 이유가 없어진 백호빈은 그녀와 이혼하기 위해 다시 길을 나선다. 제인은 이때 그에게 한국에서 배달된 오디오테이프를 틀어준다. 고국에서 온 소식은 비극이다. 그의 아내는 사내아이를 지우고 다른 남자와 곧 결혼을 한다는 것. 아내의 목소리는 사막 한 가운데 선 백호빈에게 절망을 안겨다 주었지만, 사실 바로 이 지점에서 새로운 정체성 탄생의 가능성이 등장하고 있었다. 이 새로운 정체성의 탄생은 제인의 말로 전해진다. "샌프란시스코로 가요. 그 곳에서 다시 시작해요. 계약이 아닌 사랑으로." 첫 번째 남편의 폭력과 두 번째 남편의 배신 이후로 어느 누구도 믿지 않으며 계약결혼으로 삶을 지탱해온 그녀와 아내의 배신으로 혼자가 된 백호빈, 이 둘의 결합은 그 자체로 서로 상처받은 이민자의 결합이기에 이는 과거의 연속이 아닌 과거와의 완전한 단절에서 출발하는 새로운 삶의 시작, 새로운 정체성의 등장이다.

하지만 여기서 〈깊고 푸른 밤〉은 이들의 새로운 삶의 탄생이라는 서사를 택하지 않는다. 백호빈은 로컬(아내)의 배신과 제인의 새로운 삶의 제안 사이에서 자신과의 낯설음을 느끼고 광분한다. 제인은 그에게 총을 쏜다. 그리고 차에서 내린 제인은 총구를 자신의 머리로 향한다.

〈깊고 푸른 밤〉은 어떠한 이유에서 백호빈이 제인의 제안을 거부하는 서사를 택했을까? 〈상한 갈대〉의 수잔의 죽음과 같이, 왜 이들의 사랑은 허락되지 않은 것일까? 이 시대의 어떠한 사회적 질서가 이러한 비극을 결정했는가?

흑인 아버지의 조국인 미국 공동체로 편입하려는 과정 속에서 분열하는 혼혈아 로미오는 백인 줄리엣의 죽음으로 미국 공동체의 속죄를 끌어내지만 그가 꿈꾸었던 완벽한 주체성 완성의 서사는 끝나지 못했다. 죽음으로써만 아메리칸 드림을 향했던 한국인 디아스포라의 서사를 끝낼 수밖에 없었던 것은 왜 일까? 혹은 왜 그렇게 이들은 여전히 과거에 묶인 존재가 되어야만 했는가? 무엇이 그들에게 새로운 정체성으로 나아갈 수 있는 가능성을 빼앗은 것일까? 〈몽마르트 언덕의 상투〉에서 한복을 입고 상투를 틀었을 때 비로소 타자의 시선 속으로 들어갈 수 있었던 주인공 이진호의 민족적 정체성으로의 귀환을 통해 이 질문에 대한 설명으로 나아가고자 한다.

5. 민족적 정체성으로의 귀환: 〈몽마르트 언덕의 상투〉

강대진 감독의 유작 〈몽마르트 언덕의 상투〉는 프랑스 아방가르드 화풍의 계승자가 되기 위해 파리로 "유학을 간 미술학도"의 삶을 그린다.[15] 당시 신문 기사의 표현을 빌리자면, 〈몽마르트 언덕의 상투〉는 "현란한 유럽문화와 풍토 속에서 사랑하며 고뇌하는 젊은 한국화가의 얘기를 그린" 한국 최초의

---

15 〈영화사 중앙시네마 설립〉, 《경향신문》, 1986. 7. 12.

프랑스 파리 올로케이션 영화이다.[16] 당시 해외 로케이션 영화들이 해외의 도시공간을 '이국적 스펙터클'이라는 시각적 볼거리로 사용했던 것처럼, 이 작품 역시 파리의 명승지를 위주로 서사의 배경을 설정하는 공간화 전략을 보인다. 노트르담 성당, 센느강의 석양, 샹젤리제 거리, 궁전, 에펠탑, 파리의 밤거리, 몽마르트 언덕과 성당, 개선문 등과 같은 파리의 대표적 관광지가 영화의 서사 곳곳에서 관객의 시선을 끈다. 또한 위의 신문 기사가 "사랑하며"라고 짤막하게 표현한 것처럼 〈몽마르트 언덕의 상투〉는 성애 이미지를 통해 관객에게 시각적 즐거움을 선사하는 80년대 에로영화의 전형성을 가진 작품이기도 하다.

하지만 이국적 스펙터클과 성적 욕망을 확대하는 이미지 그리고 이를 위해 의도적으로 구축된 윤사장과의 허락되지 않는 사랑의 서사를 거두어 내고 보면 〈몽마르트 언덕의 상투〉는 고스란히 낯선 공간에서 민족적 정체성의 문제로 갈등하는 개인의 불안을 다루고 있다.

주인공 이진호의 정체성 혼돈의 서사는 다음과 같다. 이진호는 프랑스 아방가르드 화풍을 깨닫기 위해 노력해왔다. 그의 기대와 달리 미술학교에서 인정받지 못하자, 생계를 위해 시작했던 레스토랑 아르바이트 일을 그만 두고 작품에만 열중한다. 하지만 그는 얼마 지나지 않아 집세를 내지 못해, 파리의 노숙자가 된다. 지금까지 유학생 이진호의 파리에서의 일상적 공간에 초점을 두었던 카메라의 시선은 이제 파리 시내를 가까워 질 수 없는 혹은 소유할 수 없는 흠모의 대상으로 바라보기 시작함으로써 한국인 이진호는 파리에서 영원한 이방인, 즉 낯선 존재일 수밖에 없음을 드러낸다.

파리라는 글로벌 공간 속에서 낯선 존재가 된 이진호에게 보이스 오버

---

16 〈강대진 감독의 마지막 작품 「몽마르트ー」 이달말 선보여〉, 《경향신문》, 1987.4.14.

(voice over)로 "넌 누구냐!"라는 정체성의 물음이 찾아온다. 이 정체성을 묻는 목소리는 더욱더 이진호로 하여금 아방가르드 예술가가 되기 위해 몸 부림치게 만든다. 그는 몽마르트 언덕에서 관광객의 초상화를 그리며 지금 의 고행의 길을 정면으로 돌파하려고 마음먹지만, 기존 초상화 화가의 텃세 에 그마저도 허락되지 않는다.

결국, 아방가르드 예술가가 되기 위한 낯선 공간과 이진호 자신과의 싸움 은 떠나온 민족에 기대는 것으로 마무리된다. 이진호는 하얀 한복을 입고 상 투를 튼다. 이진호는 이렇게 완전히 이국적인 모습으로 거리에서 그림을 그 리기 시작한다. 즉, 이진호는 파리라는 이국적인 곳에서 완전히 이국적인 모 습을 취함으로써 몽마르트 언덕에서 자신의 영역을 만든 것이다. 현대예술 의 도시 파리에서 아방가르드라는 서구예술과의 정면대응 앞에서 무력했던 동양에서 온 '개인'으로서의 이진호는 민족과 동포애에 기댐으로써 비로소 자신의 목표를 성취하게 된다. 관광객들이 그에게 몰려들고 세간의 화제가 된다. 그리고 그는 화랑의 부름을 받아 전시회를 연다.[17] 프랑스 미술계에 민 족적 전통을 등에 업고 입성한 그는 한국으로의 귀국을 선택한다.

윤사장의 마지막 보이스 오버 "진호 지금 성공했다고 생각하면 큰 착각이 야, 진호씨는 이제부터 시작하는 거야. 한국인의 긍지를 살리세요!"가 의미 하듯, 〈몽마르트 언덕의 상투〉가 갑작스럽게 전통에 기대는 서사를 선택한 것은 무엇일까? 〈몽마르트 언덕의 상투〉의 민족성의 호명에 어떤 일관적인 80년대의 질서가 작동하고 있었다면 그것은 무엇일까? 이 민족의 서사를 전 달하는 기호와 징후들 사이에서 한국과 프랑스, 다시 말해 비서구와 서구의

---

17 이진호가 프랑스 대표 화랑에서 작품 전시회를 할 수 있었던 것은 무엇보다도 그와 허락되지 않은 사랑을 나누었던 윤사장의 후원 때문이었다. 윤사장은 전통 한복을 입고 화랑 대표에게 가서 이진호의 작품 전시회를 후원하겠으니 기획해 달라고 간청했다. 윤사장이 한복을 입은 것은 이진호의 상투와 동일하게 민족 서사와 연결된다.

문화적 식민지적 관계가 재현되고, 이와 같은 서구 사회에 대한 깊은 문화적 공포, 즉 다가설 수 없는 존재라는 인식으로 야기된 자기 정체성에 대한 고뇌라는 균열은 전통이라는 민족의 서사로 봉합된다. 여기서 현대미술의 도시 파리는 더 이상 글로벌 공간만이 아닌, 고향을 떠나온 로컬과 길항하며 공포에 의한 균열과 민족에 의한 봉합이 이루어짐으로써 글로컬 도시공간으로 변화한다. 따라서 〈몽마르트 언덕의 상투〉에서 파리는 표층에서는 이국적 스펙터클과 에로티시즘이 펼쳐지는 글로벌 도시공간이며, 동시에 기층에서는 민족을 떠나온 이들이 겪는 정체성의 균열을 봉합하는 민족 서사가 상징적으로 작동할 뿐만 아니라 실제로도 작동하는 글로컬 도시공간이다.

이렇듯 1987년 개봉한 파리 '올로케이션' 영화 〈몽마르트 언덕의 상투〉는 이국적 스펙터클, 성애 이미지와 서사, 그리고 민족서사로의 귀환을 담고 있다는 점에서 1981년도부터 1987년 할리우드 영화의 직배 이전까지 제작되었던 해외 로케이션 영화를 대표한다.

이와 같은 민족으로의 귀환은 이 시기 해외 로케이션 영화들의 공통분모에 해당한다. 〈상한 갈대〉에서의 수잔의 죽음으로 불가능해진 혼혈의 전통과 〈깊고 푸른 밤〉의 백호빈과 제인의 죽음을 상기시켜보자. 글로벌의 요구 속에서 생성된 새로운 삶의 가능성, 새로운 공간에서 더 좋은 삶의 가능성이 형성되었다. 이민자가 늘어나고, 미국인이 될 수 있다는 것, 아방가르드 예술가가 될 수 있다는 것. 다시 말해, 로컬에서 자유로울 수 있고, 그것을 지울 수 있다는 가능성은 로컬이 가진 글로벌에 대한 기대감 이었다.

하지만 로컬의 영화는 이러한 민족적 정체성이 위기에 처하는 서사를 끝까지 위기로 그리고 떠나온 민족적 정체성을 넘어선 새로운 정체성의 등장으로 완성시킬 수 없었다. 그것은 프레드릭 제임슨(Fredric Jameson)이 『지정학적 미학: 세계체제에서의 영화와 공간』에서 포스트모던 시대의 정치권력의 완전한 재현의 불가능성을 포스트모던 영화의 '음모 서사 con-spiracy narratives'의 기층적 의미로 보았던 것처럼, 재현불가능한 서사, 완성될 수 없는 서사였다.[18] 대신 끊임없이 민족 안으로, 민족의 경계선을 튼튼히 하고, 그 안으로 소환되어 봉합되어야 하는 서사였다. 왜냐하면 국가의 영화시책이 영화산업을 통제하고 있는 한국영화의 생산과 상영 조건 속에서 민족으로의 귀환이 윤리적으로 도덕적으로 더욱더 올바른 서사의 끝이었기 때문이다. 올해의 우수영화로 선정됨으로써 지속적으로 영화제작 허가를 유지하고, 해외영화를 수입하여 영화제작사로서 생존하기 위해서 영화제작사에게 서사의 경계를 넘어서는 것은 허락되지 않는 해외 로케이션 영화의 서사 전략이었던 것이다.

* * *

이 장에서는 이 시기 해외 로케이션 영화들이 보여준 균열과 민족적 서사로의 봉합이 무엇의 요구였는지를 중점적으로 물었다. 해외 로케이션 영화 속 글로벌 도시공간은 80년대 한국 사회의 경제적 성장, 자유화의 확대, 그리고 정치적 억압이라는 불균형적인 문화적, 정치적, 경제적 지형 속에서 한국영화가 새롭게 생산한 공간이었고, 그 안에서 균열하는 새로운 인물들이 동시대성을 반영하며 재현되었다. 하지만, 정부의 통제에 갇혀 있었던 한국영화의 '생산의 공간' 속에서 이 새로운 공간과 균열의 서사가 완전히 재현되고 이야기되는 것은 불가능했다. 국가의 영화산업 통제 속에서 균열의 서사는 봉합과 귀환과 죽음이라는 퇴행적 방식으로 봉합될 수밖에 없었다.

---

18 프레드릭 제임슨, 조성훈 옮김, 『지정학적 미학: 세계체제에서의 영화와 공간』, 현대미학사, 2007, 33쪽.

이와 같은 분석을 통해, 이 시기 한국영화의 제작, 즉 '생산의 공간'에 대해 다음과 같은 이해를 도출 할 수 있다. 첫째, 1980-87 해외 로케이션 영화는 당시 침체에 빠져있던 영화산업을 활성화하고, 한국영화의 공간적 배경을 해외로 확대했다. 둘째, 당시 해외 로케이션 영화는 해외 공간에서 이민자와 유학생 등의 신분으로 살아갔던 글로벌 공간의 로컬, 즉 디아스포라 주체의 정체성의 위기를 다룸으로써 한국영화의 '생산의 공간'을 내적으로 확대했다. 이러한 해외 로케이션 영화들이 선택한 글로벌 공간들은 특히 한국, 즉 로컬의 민족적, 역사적, 정치적 서사와 만나 글로컬 공간으로 변화됨으로써, 당시 80년대 한국사회의 경제적 상황과 정치적 상황 사이의 불균형이 낳은 민족 정체성의 균열을 보여주었다. 이 시기 동안 제작된 해외 로케이션 영화의 이국적 도시공간은 이러한 이유에서 당시 한국영화의 생산공간과 국가정책 사이의 불균형, 즉 균열적 양상을 보여주는 영화적 공간인 것이다.

참고문헌

[단행본]

정길화 · 김환균 외 지음, 『우리들의 현대침묵사―한국현대사 미스터리 추적』, 해냄,
    2006.

프레드릭 제임슨, 조성훈 옮김, 『지정학적 미학: 세계체제에서의 영화와 공간』, 현대미
    학사, 2007.

호미 바바, 나병철 옮김, 『문화의 위치: 탈식민주의 문화이론』(수정판), 소명출판사,
    2012.

[학술논문]

김윤아, 「80년대 한국영화의 장르추세 연구」, 『영화연구』 17호, 2001.

유경철, 「위장합작영화의 재이해를 위한 제언 – 한 · 홍 합작 무술영화를 중심으로」,
    『중국학논총』 제38집, 2012.

이강우, 「한국사회의 스포츠 이데올로기에 관한 연구(II): 군사정권의 미디어스포츠를
    중심으로」, 『한국체육학회』 제36권 제2호, 1997.

정의진, 「발터 벤야민의 알레고리의 역사 시학적 함의」, 『비평문학』 41호, 2011.

Lee Yun-Jong, "Women in Ethnocultural Reil: South Korean Nationalist Erotic
    Films of the 1980s," *Journal of Korean Studies*, Vol. 21, No. 1, 2016.

[학위논문]

안태근, 「한국 합작영화 연구 – 위장합작영화를 중심으로」, 한국외국어대학교 박사학
    위논문, 2012.

[신문]

〈영화법 개정 건의안 제출〉, 《경향신문》, 1980.1.22.

〈영화계에도 자율화바람〉, 《동아일보》, 1980.2.22.
〈한국영화 이대로 좋은가〉, 《경향신문》, 1980.1.25.
〈대작 영화 해외 로케붐〉, 《경향신문》, 1981.2.25.
〈영화계 해외 로케 붐〉, 《경향신문》, 1982.8.24.
〈해외 로케 합작으로 활로 찾는 영화계〉, 《경향신문》, 1983.4.20.
〈문공부 영화진흥책 외화 수입업자 예탁금 10억원 내게〉, 《동아일보》, 1985.1.22.
〈영화 해외 올로케 제작붐〉, 《경향신문》, 1985.3.14.
〈영화제작 쉬워진다〉, 《경향신문》, 1986.4.2.
〈영화사 중앙시네마 설립〉, 《경향신문》, 1986.7.12.
〈강대진 감독의 마지막 작품 「몽마르트-」 이달말 선보여〉, 《경향신문》, 1987.4.14.

[1980-1987 해외 로케이션 영화 목록]

〈탄야〉(노세한, 1982)
〈낮과 밤〉(이두용, 1984)
〈초대받은 성웅들〉(최하원, 1984)
〈상한 갈대〉(유현목, 1984)
〈사랑 그리고 이별〉(변장호, 1984)
〈챠이나 타운〉(박우상, 1984)
〈깊고 푸른 밤〉(배창호, 1985)
〈안녕 도오쿄〉(문여송, 1985)
〈LA 용팔이〉(설태호, 1986)
〈스잔나의 체험〉(설태호, 1986)
〈오사까 대부〉(이혁수, 1986)
〈몽마르트 언덕의 상투〉(강대진, 1987)
〈'87 유정〉(김기, 1987)
〈이브의 건넌방〉(변장호, 1987)
〈삿뽀로 밤사냥〉(이혁수, 1987)

1980~1987, 한국 독립영화의 생산과 재현 공간*

정민아

1. 1980~1987년 정치적, 사회적 균열의 공간

전두환정권의 등장으로 시작된 1980년대는 많은 정치적, 사회적, 경제적, 문화적 변화를 보여주었다. 군사 쿠데타로 시작한 1980년에서 민주화항쟁으로 뜨거웠던 1987년까지 전두환정권 7년간 한국 사회는 대립과 분열이라는 격변을 거치며 발전했다. 광주민주화운동과 서울 올림픽, 부정부패와 경제성장, 중산층의 성장과 도시빈민의 증가, 3S 정책¹과 민족문화에 대한 자각, 국가주의 담론과 민주화에 대한 열망 등 전두환정권 기간 경험한 대립의 과정은 혼란스럽지만 사회를 다면적으로 발전시키는 과정이었다.

1979년 10월 26일에 유신체제가 무너졌지만 전두환이 이끄는 신군부 쿠데타로 인해 다시 권위주의 체제가 등장하고 국가는 이전과 같은 강력한 지배력을 행사하였다. 정통성이 없는 정권은 대중을 달래기 위해 지속적인 유화정책을 펼쳤다. 정치활동 피규제자 해금 등 정치적 유화책에 이어 문화면

---

* 이 글은 『철학·사상·문화』 23호(2017년, 322–348쪽)에 실린 논문을 수정·보완한 것임.

1   전두환정권기인 제5공화국 때 시행되었던 우민화 정책을 표현하기 위해 쓰이는 말로, 스크린(screen), 스포츠(sports), 섹스(sex)의 머리글자를 땄다. 정통성 없이 쿠데타로 집권한 전두환정권은 여러 제한을 풀고 정부 차원에서 3S를 장려했다. 스크린은 에로영화, 스포츠는 각종 프로스포츠 리그 창설, 섹스는 모텔, 유흥업소, 성매매 업소 등 성 관련 산업의 증가로 구체화되었다. 이는 국민의 민주주의에 대한 관심을 돌리기 위해 시행한 정책이지만, 이로 인해 이 시기에 대중문화 산업의 기초가 만들어졌다는 점에 주목해야 한다.

에서 국민을 탈정치화하기 위한 유화책을 실시한다. 대표적인 것이 스포츠에 몰두하게 하는 것이었다. 정부에 체육부를 신설하고, 스포츠 중계 TV 앞으로 대중을 모여들게 하는 정책이 대대적으로 펼쳐졌다. 1980년 컬러TV 방송 실시, 1982년 통행금지 해제와 프로야구 출범, 1983년 학원자율화 조치 등의 정책이 차례로 실행되었다. 미스유니버스대회, 국풍81, 국제가요제 등의 다양한 대규모 관변 축제들이 있었고, 각종 스포츠와 에로영화, 성 관련 산업이 범람했다.

그러나 경제적으로는 '단군 이래 최대 호황'이라는 슬로건이 생겨날 정도로 안정적으로 성장했다. 경제자율화와 안정화정책이 성공적으로 달성되고 물가 상승률은 극적으로 안정되었다. 1970년대 강남 개발을 시작으로, 목동, 노원 등지에 대단지 아파트가 조성되고, 도시화율이 급격히 성장하였다. 이에 따라 전국 대비 도시 인구비율이 1980년 57.2%에서 1985년 65.4%로 팽창하고,[2] 서울은 점점 더 커져갔다. 서울에 다리와 고속도로가 건설되고 강남을 중심으로 하는 도시개발과 함께 본격적으로 부동산 열풍이 시작되었다.

높아진 경제수준으로 인해 중산층의식이 팽배해진 가운데, 대중은 "권위주의 체제에 대한 거부감과 민주적 제도의 가치에 대한 지향"[3]의 경향을 보이고 있었다. 아이러니하게도 경제발전으로 인한 자본의 자율성 증가는 국가의 지배력을 약화시켰고, 대중의 민주화의식을 강화시키는 결과를 낳았다. 그리하여 1984년을 즈음하여 국가주도의 강력한 권위주의 체제는 점차 균열하는 양상을 보였고, 상대적으로 민주화세력이 점점 영역을 넓혀나가게 되었다.[4] 1985년에는 야당이 총선에서 승리하였으며, 수많은 학생과 노동자

---

2   서울시정개발연구원 편집부, 『서울 20세기 생활문화변천사』, 서울시정개발연구원, 2001, 99쪽.

3   김성만, 「1980년대 한국의 정치변동, 1979-1987」, 연세대학교 석사학위논문, 2002, 34쪽.

의 민주화투쟁이 일상화되었다. 1987년 6월항쟁은 경제력을 가진 도시중산층의 민주화지향이 실제로 드러난 사건이었다. 1980년대에 인구가 급속히 늘어난 대학생집단은 사회변혁을 기치로 내건 운동권문화를 기반으로 한 대항문화의 든든한 지지자가 되었다. 이들은 대항문화로서 민족문화에 눈뜨기 시작하고 있었다.

높아진 경제수준은 중산층의 토대를 탄탄하게 했고, 국가주의 이데올로기 선동에 거부감을 나타내고 개인주의를 선호하는 중산층은 민주화에 대한 요구를 적극적으로 드러내었다. 1980년대 민주화세력이 대중의 지지를 받은 것은 인구구성뿐 아니라 문화적으로도 주류를 형성해가고 있던 중산층의 형성과 깊은 관련이 있다. 1984년을 기점으로 변화된 정치사회 분위기는 한국영화에도 커다란 영향을 미쳤다. 당시 한국영화는 에로영화 일색이라는 대중적 비판에 직면하였지만, 꼼꼼히 들여다보면 그 내부에서는 균열의 동학이 작동하고 있었다.[5] 그리고 동시에 제도권 바깥에서 또 다른 변화가 모색되고 있었다.

1980년대 중반을 거치며 사회의 힘이 국가주도성에서 점차 대중운동의 활성화로 이동하고 있었고, 대중운동의 결과로 제도와 정책에 영향력을 발휘

---

4   1984년경에 발생한 다양한 정치적 사건들과 이로 인해 권위주의 정권과 민주진영 사이에 헤게모니 투쟁이 본격화되며 정치적 균열의 양상을 보인다는 주장은 위의 논문 참조.
     영화법 개정을 위해 지속적인 투쟁을 펼쳤던 영화인들의 성과가 정책으로 구체화된 시기 또한 1984년이다. 영화정책의 변화와 맞물려 1980년대 중반에 들어서면 비제도권영화 제작이 보다 활성화되었다는 점은 추후 서술한다.
5   도시인구 변화와 중산층의 증가, 관객 취향의 변화로 인한 선호 장르의 특징에 대해서는 정민아, 「1980-1987 한국영화의 관람 공간-관객, 장르, 극장을 중심으로」, 『현대영화연구』 24호, 2016, 43-81쪽 참조. 1980년대 사람들은 정치적으로는 반독재 민중주의를 지향하며 경제적으로는 소비자본주의의 과실을 만끽하는 분열적 대중의식을 보였다. 이는 한국영화에 대한 분열적인 수용 양상으로 나타났다. 1980년대에는 주류 한국영화와 관객의 수용 과정에서 민주화의식과 중산층 소비문화가 공존하며 균열을 보이는 모호한 양상이 드러난다.

하는 현상들이 나타나고 있었다. 이는 한국영화에도 일대 변화를 일으킨다. 1980년대 중반의 사회적 변화와 대중운동의 영역 확장은 한국영화의 정책적 변화까지 견인해내며, 이로 인해 영화제작의 형태가 조금씩 변모하기 시작한 것이다.

87년 민주화체제 이후 독립영화 제작은 전두환정권기와 많이 달라진 특징을 보여준다. 〈상계동 올림픽〉(1988) 같은 다큐멘터리가 만들어지며 다큐멘터리 제작 집단이 본격적으로 활약하기 시작했고, 〈오! 꿈의 나라〉(1989)와 같은 장편 극영화가 만들어지기 시작한 것이다. 이 글은 본격적으로 독립영화가 활발한 움직임을 보이기 전인 1980-1987년 전두환정권기에 이루어진 비제도권 독립영화의 맹아기를 살펴본다. 사회적, 정치적, 이데올로기적, 관계적 생산 개념으로서의 공간 개념에 기반을 두어 1980년대 초중반 한국영화의 사회적 공간을 독립영화 생산과 재현 공간을 중심으로 읽어내고자 한다. 이 시기 비제도권에서 제작되고 상영되었던 독립영화의 공간은 상영 공간과 로케이션 공간으로 나뉜다. 독립영화는 전통적인 극장이 아닌 일상적인 공간을 찾아 상영 공간을 확대하는 동시에 주류영화와는 다른 독립영화만의 특별한 공간 재현 특징을 보여준다.

2. 1980~1987 한국영화 정책의 특징

1980년대 영화정책은 전반기와 중후반기가 차이를 보인다. 1984년 제5차 영화법개정이 이루어지까지 영화정책은 유신정책의 연장선상에 있었다. 전두환정권기에는 검열을 완화함으로써 유신시대보다는 상대적으로 자유로운 분위기를 조성하였지만, 검열 완화 대상이 주로 성적 표현에 한정됨에 따라 성인에로물이 폭발적으로 성장하는 결과를 낳았다. 하지만 정치적 표현에서는 여전히 폭압적이었다.[6] 한편, 연간 외국영화 상영일수를 200일이 넘지 못하게 하는 스크린쿼터제, 소극장을 설치, 운영할 수 있도록 하는 공연법개정 등으로 한국영화 산업의 개편이 상영 영역에서 시작되고 있었다.

231편을 제작한 1970년에서부터 한국영화 제작편수는 점차 줄어들어 1977년에는 102편을 제작하는데 그쳤고,[7] 이러한 축소 경향은 1980년대에도 이어져 1980년 91편, 1984년 81편, 1987년 89편으로 대폭 감소하였다. 또한 한국영화 점유율은 1983년 39.9%, 1985년 34.2%, 1987년 27.0%로 점점 하락하고 있었다. 연간 영화관람 횟수는 1971년 4.6회이던 것이 1980년 1.4회, 1984년 1.1회, 1987년 1.2회로 꾸준히 줄어들었다.[8] 본격적인 침체기를 맞이하고 있던 한국영화산업에는 검열과 규제 등 정책적인 문제로 인한 표현의 한계 문제가 주된 요인으로 꼽히지만, 여기에는 개방된 자유로운 문화의 유입으로 세련되어진 중산층 관객의 취향을 따라잡지 못한 한국영화 제작의 문제가 복잡하게 얽혀있다.

1984년 12월 31일 제5차 영화법 개정이 이루어졌다. 개정의 핵심은 영화제작업을 등록제로 변경하고, 제작업과 수입업을 분리시켰으며, 독립영화의 제작을 가능케 한 것이다. 이로써 한국영화산업은 새로운 단계로 진입하게 되었다. 개방과 합리화의 과정을 유도한 제5차 개정의 의미는 "영화에 대한 국가의 직접적 규제가 완화됨으로써 보다 자유롭게 영화제작을 할 수 있는 기반을 마련"[9]한 것이다. 이는 이후 한국영화에 활력을 불어넣어 한국영화가

---

6 〈도시로 간 처녀〉(김수용, 1980)는 상영 중 도중하차하게 되었고, 〈비구니〉(임권택, 1984)의 제작은 중단되었다. 〈허튼 소리〉(김수용, 1986)와 〈내일은 뭐할거니〉(이봉원, 1986)는 공연윤리위원회와 실사 검열에 의해 무자비하게 가위질 되어야 했다.

7 호현찬, 『한국영화 100년』, 문학사상사, 2000, 206쪽.

8 차두옥, 「1980~1990년대 변환기의 한국영화 연구」, 동국대학교 석사학위논문, 1998, 72쪽.

9 김동호 외, 『한국영화 정책사』, 나남출판, 2005, 269쪽.

새로운 시대로 진입하도록 이끄는 토대가 되었다.[10]

1984년을 기점으로 사회문화 전반에 걸친 국가 통제가 대중에게 더 이상 강력한 효력을 발휘할 수 없게 된 시대적 분위기가 형성되었다. 계속되는 노동자투쟁, 학생투쟁, 빈민운동, 반미운동, 재야권 인사들에 대한 대중적 지지와 정치조직 결성, 문화운동단체들의 조직화 등으로 인해 사회 분위기는 점차 반전되어 가고 있었다. 전두환정권은 정치적 억압의 도피처로 대중문화와 스포츠를 활성화시켰지만, 대중의 눈을 정치로부터 돌리기에는 역부족이었다. 이어 정부가 영화에 대한 검열을 완화하고 영화법 개정을 통해 영화진흥방안을 마련하고자 하는 것은 억압적 정치에 대한 반대 급부였다. 국가주도성이 약화되고 대중운동이 활성화되는 전환의 시기에 영화계도 조금씩 변화의 바람을 맞이하고 있었다.

제5차 개정 영화법은 영화업을 허가제에서 등록제로 전환하였고, 영화제작업자가 등록하지 않고도 영화를 제작할 수 있는 독립영화제작 제도[11]를 도입하였다. 또한 제작업과 수입업을 분리하고, 사전검열을 폐지하며 민간인이 참여하는 공연윤리위원회의 심의로 대체함으로써 국가의 직접규제를 완화하는 모양새를 띠었다. 이는 소수 독점화와 외화수익의 제작자본 유도를

---

10 1980년대 후반 한국영화에 새로운 세대 감독들이 대거 등장하며 뉴웨이브 영화운동이 일어났고, 이러한 인력과 제작 변화는 1990년대 중반 한국영화 신르네상스를 구축하는 토대로 작용하였다. 1980~90년대에 대거 유입된 새로운 감각을 가진 신세대 감독들은 독립영화로 자신의 경력을 시작한 이들이 많았다. 예를 들어, 장선우, 박광수, 장길수, 김동빈, 김의석, 장윤현 등이 있다. 1980년대 중후반 독립영화의 제도권 진입이 시도되면서 독립영화를 통해 주류영화계로 등장하는 경로가 해방 이후 한국에서 거의 처음 집단적으로 이루어진 것이다.

11 이 영화법에서 대상으로 삼고 있는 독립영화는 1960년대에 성행했던 개인프로듀서들이 제작한 영화를 염두에 둔 것이다. 5차 영화법 개정으로 박정희정권의 영화사 허가제와 기업화 정책에 의해 변칙적으로 이루어지던 제작이 관행처럼 여겨진 대명제작 독립 프로듀서의 활동이 인정되었다. 그러나 개정 영화법에서 명시하는 독립영화 정책은 1980년대 후반과 1990년대에 걸친 활발한 독립영화 제작과 1990년대 제도권 극장의 독립영화 상영을 실현하게 하는 동력이 되었다.

통한 메이저기업 양성과 보호무역을 통한 외화수입 조절이라는, 20년 이상 유지되어온 한국영화정책의 골격을 완전히 뒤바꾸는 것이었다.[12]

독립영화제작 제도로 자세히 들어가 보면, 제5차 개정 영화법은 독립영화 제작 제도를 신설하여 영화제작업자로 등록하지 않고도 영화를 제작할 수 있는 길을 열어, 영화업 진입의 문턱을 대폭 낮추었다. 이 규정에 따라 독립 제작자로서 영화를 만들고자 하는 경우, 연간 1편에 한해 제작신고를 하고 영화를 제작할 수 있게 되었다. 이 기간에 '독립영화 제작자'라는 새로운 명칭의 영화인이 등장하였고, 독립영화 제도는 인적으로 폐쇄되어 있던 한국 영화제작 풍토에 신선한 바람을 몰고 왔다.

당시 새로이 영화업에 진입한 젊은 세대는 이후 대기업 자본과의 연계를 통해 한국영화 교체를 실행하는 주역이 되었다.[13] 독립영화계에서 활약하던 영화인들은 두 개의 서로 다른 길을 걷게 되었는데, 하나는 1980년대 후반 충무로 영화계로 진입하여 상업영화계에서 한국영화 체질 변화에 앞장서는 것이었고, 또 다른 하나는 독립영화 진영에 남아 영화운동을 지속하는 것이었다. 결과적으로 제5차 개정 영화법이 발효되는 1985년 이후 한국영화 산업은 이전까지의 전근대적인 흥행업에서 벗어나 본격적인 산업화와 다양성의 길을 밟아가게 된 계기로 평가받는다.

3. 독립영화 제작과 대안 상영 공간

1998년에 창단된 한국독립영화협회의 창립선언문을 보면 '독립영화'란

---

12 이충직 외, 『한국영화 상영관의 변천과 발전방안』, 문화관광부, 2001, 58쪽.
13 황동미 외, 『한국영화산업구조분석』, 영화진흥위원회, 2000, 23쪽.

"상투적 영화공식, 권력으로부터의 독립을 의미하며, 관객이 세상을 새롭게 보고, 더 나은 자신과 사회를 꿈꾸게 하는 영화"[14]를 의미한다. 권력으로부터의 독립, 자본으로부터의 독립, 검열로부터의 독립, 상투적 영화공식으로부터 독립이라는, 정치적, 경제적, 제도적, 미학적 독립을 꾀하는 한국 독립영화의 출발점에 대해 많은 선행연구들은 1980년대 초를 지적하고 있다. 하지만 이 시기에 '독립영화'라는 명칭은 아직 등장하지 않았다. '소형영화', '작은 영화', '단편영화', '민중영화', '민족영화', '열린 영화' 등 다양한 이름으로 불리다가 1990년대에 와서야 '독립영화'라는 명칭이 공용화되었다.

비제도권 영화운동 진영에서 활약하던 독립영화인들은 1980년대 영화담론을 주도했다. 분단 이후 한국영화사에서 자본 및 자본이 행사하는 권력으로부터 완전한 독립을 모색하고 실현했던 집단적 노력은 1980년대에 들어와서야 비로소 가시화되었다.[15] 영화운동 진영이 추구했던 '새로운 영화'는 영화의 내용뿐만 아니라 제작, 배급, 상영, 그리고 매체 자체를 포함, 영화 관련 전 분야에서 상업성과 결별하고 순수영화를 지향하는 것으로 나타났다. 그리하여 8mm나 16mm의 소형영화가 영화 본연의 성질을 간직한 독립된 완성체로 받아들여졌고, 1980년대 후반에는 비디오 매체를 적극적으로 활용하기 시작했다. 또한 집단창작과 공동작업이라는 새로운 제작방식이 실험되었고, 영화감상 써클을 만들어 영화를 토론하거나, 기층 대중운동조직과 결합하여 영화를 집회나 투쟁의 현장에서 감상하는 방식 등 차별화된 상영 및 배급 체계를 구축하고자 하였다.

이전 독립영화는 개인적 창작 활동에 머물러 있다가 1980년대에 들어와

---

14 한국독립영화협회, 「창립선언문」, 1998.

15 김소연, 「민족영화론의 변이와 '코리안 뉴웨이브' 영화담론의 형성」, 『대중서사연구』 제15호, 2006, 295쪽.

다양한 형태의 조직화를 꾀한다. 1982년 3월, 영화의 사회비판적인 기능에 주목하면서 사회로 진출한 최초의 영화단체가 '서울영화집단'(이하 '서영집')이다.[16] 서울대 영화연구회 '얄라셩' 출신을 중심으로 창립된 서영집은 개인 제작과 공동제작을 병행하며 단편영화들을 제작하였다. 연극 〈판놀이 아리랑 고개〉를 기록한 기록물 〈판놀이 아리랑〉(8mm, 1982)이 서영집의 첫 작품이고, 〈전야제〉(8mm, 1982), 〈출가〉(8mm, 1982), 〈결투〉(8mm, 1982) 등의 단편영화를 제작하였다.

이들은 영화제작과 함께 영화의 현실참여적인 역할에 대한 연구 작업도 병행하는데, 1983년에 출간된 『새로운 영화를 위하여』(학민사)에서 라틴아메리카 영화운동을 소개한다. 서영집은 볼리비아의 집단 영화창작 그룹인 '우카마우 집단'을 지속적으로 연구하였으며, '민중영화'라는 개념을 가져와 사회운동으로서의 영화의 의미를 구체화한다. 이는 사건 현장에서 사건 당사자들과 공동제작 형태를 취하는 새로운 영화제작을 꾀하는 방법론이었다.[17]

1984년에 결성된 '영화마당 우리'(이하 '영마우')는 사회모순을 파헤치기 위해 '작은 영화'에서 대안을 찾았으며, 〈우리들의 춘삼씨〉(16mm, 1985), 〈해 뜨는 풍경〉(8mm, 1987) 등의 작품을 내놓았다. 영마우는 1984년 7월 7~8일 이틀간 국립극장 실험무대에서 '작은 영화를 지키고 싶습니다'라는 제목의 '제1회 작은 영화제'(이하 '작은 영화제')를 개최하였다. 이는 당시 독립영화나 영화운동에 관심을 두고 활동하던 영화인들을 한 자리에 모두 모이게 한 최초의 행사였다. 당시 상영작은 〈강의 남쪽〉(장길수, 1980), 〈문〉(서명수, 1983), 〈승의 눈물〉(최사규, 1982), 〈판놀이 아리랑〉, 〈전야제〉(황규덕, 1982), 〈천막도시〉(김의석, 1984) 등 6편이다.

---

16 서울영상집단, 『변방에서 중심으로』, 시각과언어, 1996, 22쪽.
17 이와 같은 제작방식은 1988년 이후 다큐멘터리영화 제작으로 구체화되어 결실을 맺는다.

1986년에는 영화청년들에게 큰 변화의 계기가 생긴다. 천주교 광주정의평화위원회가 제작한 '광주 비디오'가 명동성당에서 상영된 후 전국 성당을 통해 보급되었다. 이 사건은 영화인들에게 큰 충격과 자각을 불러일으켰다. 비디오 매체의 강력한 파급력을 보여주는 중요한 사건이었던 것이다. 1980년 5월 당시 한국의 모든 언론은 광주 현실에 대해 전혀 보도하지 않고 있었는데, 그런 와중에 당시의 처절한 현장이 일본 NHK와 독일 ZDF 방송사 카메라에 담겼다. 엄청난 충격으로 다가와서 보는 이들의 현실 인식을 바꿔 놓은 광주 비디오는 현실을 고발하고 은폐된 진실을 드러내는 영상의 힘이 대중과 만날 때 비로소 현실화되며, 비디오 매체의 파급력은 이를 가능하게 한다는 사실을 확인시켜 주었다.[18] 독립영화인들은 광주 비디오로 인해 비디오라는 매체에 대해 적극적으로 사고하기 시작했고, 영화를 사회운동과 문화운동의 한 영역으로 위치 짓는 일에 더욱 확신을 가지게 되었다.

작은 영화제 이후 1987년 5월에 대학 영화동아리들이 모여 '대학영화연합'(이하 '대영연')을 발족하였다. 같은 해 12월 1일부터 15일까지 연우소극장에서 영마우, 대영연, '전국영화과연합' 주최로 '열린 영화를 위하여'(이하 '열린 영화제')라는 영화제를 개최하였다. 여기에서 학생작품인 〈인재를 위하여〉(장윤현, 1987), 〈그날이 오면〉(장동홍, 1987)을 비롯하여 15편이 상영되었다.[19]

서영집, 작은 영화제, 광주 비디오, 열린 영화제까지 1982년에서 1987년 동안 독립영화 활동은 조직을 기반으로 하여 움직였고, 독립영화가 기층민중 운동과 결합하거나 대학생 영화운동 내부에서 조직적으로 만들어졌으며, 영화제작과 영화이론을 결합하려고 노력했다. 이 영화들은 영화제를 통해

---

18 독립 다큐멘터리 연구모임, 『한국 독립 다큐멘터리』, 예담, 2003, 27쪽.
19 위의 책, 32쪽.

소극장이나 대학가, 성당이나 교회 시설 등에서 상영되었다. 이러한 활동은 영화운동론에 기반을 두어 독립영화 조직을 확대하였고, 영화상영 공간을 극장 이외의 일상적 공간으로 확장하는 결과를 낳았다.

이들의 활동은 1980년대 중반 이후 광범위하게 확산되었는데, 이는 앞서 설명한, 당시 활발하게 이루어지며 가시적 성과를 낳은 사회운동과 밀접한 관계를 맺으며 이루어진 것이었다. 정치적, 정책적 열린 공간은 문화적 공간의 확장으로 이어졌다. 초기 독립영화는 불법이라 하여 탄압을 받았지만, 1980년대 중반을 거치며 본격적으로 한국영화의 한 분야로 인식되기에 이르렀다. 1984년에 이루어진 전향적인 영화법 개정도 영향을 미쳐서, 1980년대 중반에 이르러 독립영화 제작의 중요성에 대한 인식이 널리 퍼졌다.

독립영화계는 영화상영의 대안공간을 마련함으로써 독립영화의 미학적인 측면과 함께 수용의 측면을 적극적으로 고민했다. 이는 정부 관료의 손에 의해 이루어지는 검열을 거부하며, 현장 속 민중과 함께 하면서 사회운동적 메시지를 널리 전파하고자 하는 노력의 일환이었다. 대학 캠퍼스, 농촌 마을회관, 노동조합 사무실, 연극무대, 성당과 교회가 대안 상영공간으로 떠올랐는데, 이는 라틴아메리카 영화운동처럼 사건의 현장으로 민중을 찾아가서 민중과 함께 영화를 만들고 수용하는 대안적 영화 활동에 대한 실천적인 시도였다. 비제도권 영화계에 속하는 독립영화가 법적인 문제로 영화상영관에서 상영되지 못하는 것은 당연하였으며, 영화관 외의 대안 공간에서의 상영 또한 국가에 의해 불법적인 것으로 판단되어 영화인들이 구속 기소를 고려해야 했다. 이러한 문제는 대안 상영공간에 대한 정책적 변화를 유도할 방법을 고안하는 계기로 작용했다. 직업적으로 독립영화 진영에 진출하게 된 영화인들은 대안적 영화미학뿐만 아니라 대안 배급과 상영에 대해 총체적으로 사고하고 있었다.

1980년 중반 이후 대중의 사회적 인식의 변화와 민주화에의 열망은 영화 정책적 변화를 견인하였으며, 독립영화인들의 활동 공간이 넓어지는 계기가 되었고, 동시에 이로 인해 영화상영 공간에 대한 대안을 모색하는 시작점이 되었다. 독립영화의 제작 공간과 상영 공간은 1980년대의 사회적, 문화적, 이데올로기적 현상의 결과물로 나타난다. 이 시기 독립영화의 생산 공간과 상영 공간은, 푸코가 말하듯이 권력 관계들이 교차하는 사회적 공간이며, 또한 당대의 역사가 깃들어 있는 공간이다. 르페브르의 정의처럼, 정치적이고 전략적이며 이데올로기로 가득한 독립영화 공간은 재현 양상을 통해 분명하게 드러난다.

4. 독립영화의 재현 공간

4.1. 도시 주변부 공간: 불평등한 계급 구조의 시각화

이 시기 독립영화에서 도시 주변부 공간은 중심에서 벗어나 주변부로 밀려난 타자를 표현하기 위해 설정된다. 정부 차원의 서울을 중심으로 하는 대대적인 도시개발 정책으로 인해 서울은 고급 빌딩과 대단위 아파트단지, 고급백화점과 대형교회로 즐비한 도시로 변모하고 있었다. 세련된 서구적 공간으로 탈바꿈한 도시공간은 두 개의 이질적 공간으로 대비되었다. 자본의 힘이 작용하는 공간은 생산 공간과 소비 공간, 고소득자 주거지와 저소득자 주거지, 중심지와 주변지, 고급문화지구와 대중문화지구 등 자본축적의 논리가 작용하는 곳으로 분화되었다. 1980년대 독립영화에는 지방에서 서울로 이주하여 살아가는, 근대화의 주변부에서 서성이는 가난한 자들이 주인공으로 등장하는 경우가 많다.

장길수 감독[20]의 〈강의 남쪽〉(1980)은 1980년 한강의 남쪽인 서울 강남

은마아파트 단지 부근에 새서울교회를 짓는 공사가 한창인 때를 배경으로 한다. 영화는 공사현장에서 벌어지는 소시민의 삶을 스케치한다. 후경에 커다란 십자가 놓여있고, 공사장에는 햇볕에 잔뜩 그을린 사람들이 노동을 하고 있다. 이어 초라한 판자촌 선술집에서 여인이 뛰쳐나오고, 그 뒤를 한 남성노동자가 칼을 들고 뒤쫓는다. 두 사람은 일시적으로 화해하지만 이내 남자는 죽일 듯한 기세로 칼을 들고 여자를 쫓는 것으로 영화는 끝이 난다. 연장 소리와 포크레인 소리로 꽉 찬 공사장 풍경은 거대 한 아파트 빌딩과 대조를 이룬다.

이와 같은 공간의 대조는 도시 중산층과 주변부로 밀려난 도시빈민을 은유한다. 영화 속 공간은 개발주의에 소외되어 공사장 한 켠을 차지하는 것으로 도시에서 살아가야 하는 빈민들을 상징적으로 담는다. 이들은 주류로부터 쫓겨난 자들이다. 이미 삶에 찌든 젊은 부부는 싸움으로 하루를 시작하고, 판자더미 속에서 남자에 의해 찍어 눌린 여자의 얼굴은 남자의 뇌리를 스치는 과거의 단편적인 순간들과 교차된다. 가진 자들만을 위한 건설과 파괴에서 도시 하층민의 인간성은 철저히 파괴되어 버리는 당대 사회의 현실이 시각적인 충돌 몽타주로 표현된다. 영화는 공간적 폭력이 인성의 폭력으로 옮겨가 버린 현실을 줌 인, 줌 아웃과 핸드헬드의 거친 카메라 워크 속에서 상징적으로 드러내는 리얼리즘 드라마다. 역동적인 카메라 워크와 편집 리듬을 통해 도시공간과 주체의 처참한 현실을 효과적으로 표현한다.

서명수 감독[21]의 〈문〉(1983)은 화장실을 찾아 버스에서 내리는 한 꼬마를 카메라가 뒤따라가는 장면으로 시작한다. 남자아이는 생리현상으로 고통스

---

20 1955년 생. 1975년 결성된 한국영화예술운동단체 '영상시대' 출신. 1985년 〈밤의 열기 속으로〉로 상업영화계에 데뷔하였다.

21 1957년 생. 중앙대학교 영화학과 출신. 2005년에 독립영화 〈나비두더지〉를 연출했다.

러워한다. 그는 집으로 가는 길에서 눈에 보이는 건물마다 들어가 화장실 문을 두드린다. 문은 굳게 닫혀있고, 결국은 아파트촌까지 밀려오게 되어 집 문 앞에 다다른다. 열리지 않는 문들은 폐쇄적인 도시를 상징한다. 버스 정류장에서 아파트까지 꼬마를 따라나서는 카메라는 1980년대 초 강남 아파트 단지 주변의 풍경을 비춘다. 빌딩이 들어서고, 사람들로 혼잡해지고, 도시는 빽빽해졌지만, 꼬마를 환대해주는 문은 도시 공간 어디에도 없다. 게다가 주인공 아이의 행위를 따라가는 카메라는 제3의 감시자의 위치에서 관찰한다. 닫힌 문과 카메라를 통한 감시의 눈은 도시 공간이 주는 비정함과 비인간성을 함의한다. 인간의 기본적인 욕구와 무관하게 도시의 규칙에 따라 세워진 건물들은 사람을 소외시킨다. 이는 도시 공간이 인간의 편리함이나 안락함보다는 자본의 법칙에 따라 만들어진 것임을 은유한다.

김동빈 감독[22]의 〈그 여름〉(1984)은 도시 하층노동계급 청년들의 삶을 묘사하는 리얼리즘 드라마다. 농촌에서 상경해 서울 주변부에서 살아가고 있는 삼남매는 각각 철공소 직원, 레스토랑 웨이터, 미용실 시다로 일한다. 이들은 가난하지만 내일의 꿈을 갖고 열심히 살아간다. 그러던 어느 날 철공소 공원인 영민이 야간작업 중 사고를 당한다. 수술을 하지 않으면 실명을 할 위험에 처해 있지만 공장 주인은 개인의 실수로 일어난 일이라고 발뺌하고, 삼남매는 주위에 도움을 청해 보지만 냉담한 반응만 있을 뿐이다. 치료비를 구하려고 동생 철호는 돈을 훔치려고 하지만 실패하고, 영숙도 돈을 마련하려고 하지만 쉽지 않다. 세 명의 등장인물은 한국 사회의 모순구조 속에서 좌절하는 삶을 살아가는 여러 인물 유형을 대표한다.

영화에서 주요 공간은 영등포 주변 공간이다. 허름한 영등포의 철공소, 미

---

22 1958년 생. 서울대 얄라셩 출신. 〈엄마에게 애인이 생겼어요〉(1995)로 상업영화계에 데뷔했다.

용실, 주거 공간과, 강남의 유흥가, 룸살롱, 시내번화가, 여의도광장이 극명한 대조를 이룬다. 삼남매는 화려한 도시 번화가를 맴돌지만 그들이 결국 살아가야 할 공간은 초라한 도시 주변 빈민의 공간이다. 도시 개발과 아파트 건설의 반대급부로 생겨난 도시빈민을 위해 허락된 공간은 무허가촌이다. 무허가촌 공간은 근대화로 인해 주변부로 밀려났으며, 부의 정도에 따라 새롭게 형성된 계급 구조의 밑바닥을 구성하는 도시 난민인 이들이 기거해야 하는 한정된 공간이다.

다닥다닥 붙어있는 집들, 좁고 꼬불꼬불한 골목길과 대조적인 공간으로 확 트인 여의도광장이 영화에서 병치된다. 삼남매는 어느 날 여의도광장으로 놀러 가는데, 이곳에서는 자전거와 롤러스케이트를 타며 밝게 웃는 시민들이 있다. 도시 공간 구획의 수혜를 받은 중산층 시민과 주변부로 밀려난 빈민의 처지가 두 개의 공간 대조로 확연히 드러난다. 중산층 판타지로 팽배한 도시에서 가난한 자들은 시민의 자격을 부여받지 못한 채 분열적 존재가 되어 버린다. 시각적으로 화려한 도심 거리와 그 속의 사람들은 빈민인 삼남매에게 위화감을 주며 스스로 위축되게 만든다.

네오리얼리즘 형식을 취하는 이 영화는 사회비판 리얼리즘 상업영화 〈바람 불어 좋은 날〉(이장호, 1980)이나 〈꼬방동네 사람들〉(배창호, 1982)과 사회비판 정신을 공유하지만, 도시의 낮과 밤의 현실 공간을 있는 그대로 담았으며 비직업 배우들을 등장시킴으로써 주류영화보다 훨씬 더 리얼리티를 강화한다. 영화는 초기 독립영화에서 흔히 보이는 형식인 다큐멘터리 장면 삽입으로 인해 픽션과 다큐멘터리의 변증법적인 통합을 꾀한다.[23]

〈강의 남쪽〉, 〈문〉, 〈그 여름〉 등 세 영화에서 재현되는 도시 주변부 공

---

23 이러한 형식은 앞서 설명한 우카마우 집단의 현장성 카메라의 영향이며, 또한 제작비나 인력이 충분하지 않은 독립영화 제작의 한계 내에서 선택할 수 있는 대안적 형식이다.

간은 아시안 게임, 올림픽 등 대형 국제 행사를 앞두고 정권 차원에서 급속하게 진행된 도시개발의 이면과 관계가 있다. 〈강의 남쪽〉과 〈그 여름〉은 아파트단지와 대조적인 폐허의 공간에서 생활하는 하층민들의 삶이 공간으로 인해 어떻게 피폐해져 가는지를 날카롭게 그린다. 〈문〉은 대규모로 건설된 아파트를 향해가며 주변부 공간을 헤집고 다니는 소년을 통해 인간을 소외시키는 도시 구조를 비판적이고 해학적인 시각으로 그린다. 세 영화에서 재현된 도시 주변부 공간은 1980년대가 불평등한 계급구조를 고착화시키며 관계의 비인간화를 촉진하는 시대임을 알리는 상징적 공간으로 다루어진다.

4.2. 거리와 뒷골목 공간: 균열된 도시 공간의 은유

이 시기 독립영화에서 거리와 뒷골목 공간은 범죄 공간 혹은 민주화투쟁의 공간으로 그려진다. 1980년대 중반 거리에서는 대학생과 노동자 시위가 일상적으로 일어나고 있었다. 또한 도시화로 인해 농촌에서 도시로 몰려온 많은 이들이 최후의 생존 수단으로 범죄의 유혹에 빠져들고 뒷골목을 배회한다.

김의석 감독[24]의 〈창수의 취업시대〉(1984)는 소매치기인 창수, 병기, 영배 삼총사의 하루를 그린다. 창수는 자신을 추적하는 사람을 딴 곳으로 따돌리는 일을 맡았다. 그는 하루 종일 뛰어야 하는 자신이 가장 힘들다고 생각하지만 배당금이 가장 적은 것에 대해 불만이 많다. 영화는 예비실업자와 잠재 전과자인 청년들의 방향감 상실을, 사람들의 눈을 피해 도시 뒷골목을 한없이 뛰어다녀야 하는 모습으로 은유한다. 세 명의 하층계급 젊은이들 간에

---

24 1957년 생. 중앙대 영화학과 출신. 1990년대 기획영화의 유행을 이끈 〈결혼 이야기〉(1992)로 상업영화계에 데뷔하였다.

도 위계가 설정되어 있어, 창수는 그 중에서도 가장 별 볼일 없는 소외된 자다. 삼총사가 서있는 공간은 폐허가 된 도시 구석과 사람들이 쫓아오지 않는 뒷골목이다. 영화는 1974년 호스티스영화 〈영자의 전성시대〉를 패러디한다. 〈영자의 전성시대〉의 영자가 살기 위해 식모, 여공, 버스 안내양, 창녀로 직업과 거주 공간을 바꾸듯이, 〈창수의 취업시대〉에서 영자의 애인 창수[25]는 도시에서 생존하기 위해 뒷골목과 구석을 배회하며 자신의 존재를 확인받으려 한다.

계절이 한겨울이라는 점은 도시 젊은이의 비장함을 더욱 배가시킨다. 명동 번화가로 시작하는 카메라는 남대문시장, 조계사, 중앙우체국 지하도를 지나 폐허가 된 건물에 당도한다. 폐허는 바로 이들이 있어야 할 공간이다. 도시에 있지만 쓸모없는 보기 싫은 존재로서의 폐허는 잠재적 범죄자인 이들 삼총사의 처지를 은유한다. 도시의 일상적 모습을 촬영한 인서트 쇼트들이 병치되고, 마지막 장면은 서울역을 배경으로 한다. 창수는 지갑을 훔친 친구들을 쫓는 행인의 바짓가랑이를 잡고 질질 끌려간다. 이러한 행동은 서울역을 통해 서울에 왔으나 서울에서는 살 길이 막막하여 다시 고향을 향해 떠나야 하지만, 끌려 내려가고 싶지 않은 인물들의 심정을 나타내는 영화적 표현 장치이다.

결말부는 도시의 비정함과 우스꽝스러운 주인공의 행동이 역설적 작용을 일으키는 풍자적인 표현으로 채워진다. 서울역은 일제강점기를 거치며 근대화의 상징적 공간이 되었지만, 근대화 과정의 소외된 잔여로써 대거 등장한

---

25 〈영자의 전성시대〉에서 송재호가 분한 창수는 농촌에서 도시로 온 청년으로 기술을 배워 착실히 돈을 모으는 인물로 설정되어 있는 반면, 〈창수의 취업시대〉의 창수는 도시로 온 농촌청년이 과연 그의 꿈대로 성실히 살아갈 수 있을지 의문을 표한다. 〈창수의 취업시대〉는 이농현상과 도시화의 이면을 한 인물의 해프닝을 통해 다루었다는 점에서 독립영화의 패러디 철학을 구현하는 수작이다.

타자들의 공간임을 나타낸다. 영화가 서울역에서 끝을 맺는다는 것은 근대화와 타자의 역설적 동거를 보여주는 상징 공간임을 강조하는 것이다.

김동원 감독[26]의 〈야고보의 5월〉(1986)은 세상에 대한 무수한 고민으로 가득한 한 남자 고등학생이 집, 학원, 성당을 오가는 거리에서 목격하게 되는 다양한 민중들의 삶을 통해 내적 성장을 꾀한다는 이야기를 담는다. 방황하는 주인공이 이동하는 가운데 실제 서민들이 살아가는 모습이 핸드헬드 카메라에 담긴다. 주인공은 중산층 동네에 위치한 주택에서 살고 있으며, 그가 오가는 길목 가운데 달동네를 형성하는 좁은 골목길이 있다. 그는 매일 이 좁고 지저분한 골목길을 지나간다. 주인공이 가난한 자들의 현실을 스쳐 지나 집으로 돌아오면, TV에서는 화려하게 채색된 각종 쇼 프로그램이나 데모대 행렬을 담은 뉴스가 방영된다. 주인공은 탁 트인 도로가 건설된 한강 주변, 반질반질한 지하철 역사, 애견센터, 극장과 가게들을 지나간다. 화려하고 활기찬 위의 장소들과 대조적으로, 도시 뒷골목 좁은 길에서는 달동네 아이들이 놀고 있고, 떡장수 노인이 힘겹게 광주리를 이고 계단을 오른다. 개발 신화의 뒤편에서 표류하며 상실된 터전에서 힘겹게 삶과 마주하는 이들 하층민의 공간은 주인공으로 하여금 현실에 대해 깊이 자각하게 한다.

그는 자신이 살고 있는 중산층 거주지와 맞대어 주거지를 형성하고 있는 하층민의 공간을 오가며 조금씩 현실에 대해 깨닫는다. 주인공 내레이션을 통해 현실 인식을 꾀하는 계몽영화 서사 구조를 갖추고 있는 이 영화에는 당시 균열된 도시 공간 속에서 살아가고 있는 다양한 인간 군상이 카메라에 꼼꼼히 담긴다. 중산층으로의 도약이라는 허망한 판타지를 유포하는 가운데 모순적으로 개발된 도시 공간은 주류의 공간과 타자의 공간으로 극단적으로

---

26 1955년 생. 서강대 신문방송학과 출신. 다큐멘터리영화 〈상계동 올림픽〉(1988)으로 한국 독립다큐멘터리의 새 장을 열었다.

나뉜다.

　김태영 감독[27]의 〈칸트씨의 발표회〉(1987)는 80년 광주를 다룬다. 영화는 광주에서 누이를 잃고 미쳐버린 칸트씨의 일상과 그를 쫓는 사진기자를 통해 광주의 기억을 현재화한다. 알아들을 수 없는 말을 중얼거리는 미친 칸트는 하루 종일 서울 시내를 쏘다닌다. 히죽거리며 웃고 아무에게나 말을 거는 그는 명동, 남대문시장, 지하철을 돌아다닌다. 칸트씨는 "예수를 믿으시오" 라고 외치는 개신교 전도사를 물끄러미 바라보거나, 최루탄으로 자욱한 대학가 거리를 쏘다닌다. 그는 종종 캠퍼스 대자보 앞에 서 있거나, '민주개헌 이룩하여 국민주권 실현하자'라고 쓴 현수막이 걸린 성당 앞에서 거리를 감시하는 군인과 선문답을 주고받기도 한다. 그의 손에는 늘 작은 태극기가 들려있고, 가끔씩 삽입되는 회상 씬을 통해 그가 광주항쟁에서 죽은 여동생을 화장한 뒤 미쳐버렸다는 사실이 하나씩 드러난다.

　칸트씨가 탄 지하철이 지상으로 올라가면 공사로 어지러운 개발 공간이 창밖으로 보인다. 그가 지하철 마지막 역에서 내리면, 그 공간에는 빈민들의 투쟁의 흔적이 남아있다. 칸트씨가 여의도광장과 KBS 본사 앞으로 가면, 이 공간은 군인들로 꽉 들어차있다. 이렇게 의도적으로 배치된 장면을 통해 1980년대가 군인의 시대이자 빈민의 시대임이 영화에 적극적으로 반영된다.

　영화에는 광주 사진과 주인공이 고문 받는 장면이 몇 차례 삽입된다. 영화는 폐허의 공간, 투쟁과 학살의 공간, 감시와 통제의 공간, 일상의 공간 등을 병치하는데, 이와 같은 공간적 표현은 1980년대 사회를 특징적으로 나타내는 표현이다. 〈칸트씨의 발표회〉는 서사 중심으로 영화가 전개되기보다는 주인공이 도시를 쏘다니며 기억의 편린들을 떠올리는 방식, 즉 상징으로 가

27　서울예대 영화과 출신. 1988년에 장편 독립영화 〈황무지〉를 연출했다.

득한 실험적인 영화다. 주인공을 관찰하는 사진기자는 칸트를 모델로 '자유'라는 사진전을 열지만 칸트는 변사체로 발견된다. 영화는 광주의 상처가 고립된 개인의 상처로 치환되는 당대 현실에 대해 비판적인 시선을 가진다. 학살과 상실의 상처로 미쳐버린 사람의 도시 방랑에 '자유'라는 이름을 붙인 것은 역설적이다. 영화에서는 독재정권이 남긴 시대의 아픔이 도시 공간을 경유해 그려진다. 영화는 영화 속 캐릭터인 사진기자처럼 관객이 제3자적 위치에서 광주의 상처를 관찰한 것은 아닌지 관객 스스로 성찰적으로 질문하게 한다.[28]

장동홍 감독[29]의 〈그날이 오면〉(1987)은 투쟁 현장을 담은 다큐멘터리 파운드푸티지와 픽션을 병치시킨다. 영화는 한 전경의 의식의 흐름을 담는 구조를 취하고 있으며, 군대를 갔다가 프락치로 복학하게 된 한 대학생의 심리적 고통을 묘사한다. 주인공이 복학 서류를 준비하기 위해 학교로 온 현재, 캠퍼스 내 집회시위가 벌어지고 있고, 그는 곧 시위 진압에 투입되었던 군대 시절을 회상한다. 영화에서는 현재와 과거, 학생과 전경, 피해자와 가해자, 픽션과 다큐멘터리가 주인공을 통해 경계를 넘나들며, 1980년대의 모순적 사회가 담고 있는 딜레마를 시각적으로 표현한다. 영화에서 1987년 도시의 거리는 투쟁의 공간으로 기록된다.

〈창수의 취업시대〉, 〈야고보의 5월〉, 〈칸트씨의 발표회〉, 〈그날이 오면〉 등 네 편의 독립영화에서 재현된 거리와 뒷골목 공간은 도시 안에서 거처를 잃거나 심리적 안정감을 찾지 못하는 인물들을 포함한다. 이 공간은 도시화로 인해 이농현상과 도시난민이 발생하는 결과를 초래한 시대를 의미하는

---

28 광주로 인해 미친 사람과 지식인 구도는 이후 장선우 감독의 〈꽃잎〉(1996)에서 반복된다.
29 1963년 생. 서울예대 영화과 출신. 독립영화 〈오! 꿈의 나라〉(1989)와 〈파업전야〉(1990)를 공동연출했으며, 〈크리스마스에 눈이 내리면〉(1998)으로 상업영화계에 데뷔했다.

데, 이는 균열된 도시를 역사화하는 공간이다. 영화 속 주인공들은 정박하지 못하고 불안하게 거리를 배회하는 가운데 도시의 비정함과 시대의 비극성을 체험하고 스스로 깨닫는 순간을 맞이한다. 이 독립영화들이 재현하는 공간은 1980년대의 집단적 트라우마, 즉 광주, 민주화운동, 도시빈민 투쟁, 청년의 상실감 등의 기억과 감정이 도시 공간 곳곳에 어떻게 배어있는지를 드러낸다. 이 영화들은 역사화된 공간의 기억을 기록한다.

4.3. 폐쇄 공간: 불안과 공포의 상징 공간

이 시기 독립영화의 폐쇄 공간은 공포와 불안의 공간으로 상징적으로 그려진다. 소시민이 거주하는 지하 골방은 스펙을 갖추지 못해 든든한 직장을 잡지 못하는 자가 느끼는 미래에 대한 불안감과 현재의 불안정 상태를 은유한다. 또한 사방이 가로 막힌 공간은 민주시민에게 고문실과 감옥을 떠올리게 하는 1980년대의 시대적 공간의 은유로써 나타난다.

이정국 감독[30]의 〈백일몽〉(1984)에서 상고 출신의 실업자인 주인공은 구직을 위해 이력서를 쓰고 도전하지만 번번이 실패한다. 좌절한 그는 어느 날 우발적으로 술 취한 남자의 지갑을 훔치고, 평소 사모하던 하숙집 딸을 우연히 만나 레스토랑에 들어간다. 남자가 호기롭게 꺼낸 훔친 지갑에서는 구직 광고와 이력서만 나온다. 영화는 화려한 상상 장면과 척박한 현실 장면을 재치있는 편집과 분위기 음악을 통해 아이러니하게 대조시킨다. 거울 속 상상 장면에서 주인공은 근사한 아파트에서 생활하지만 현실로 돌아오면 빛이 들지 않는 좁은 하숙집 골방이다.

주인공은 자신의 골방에서 출발하여 취업면접을 보기 위해 출판사 사무실

---

30 1957년 생. 중앙대 영화학과 출신. 독립 장편영화 〈부활의 노래〉(1990)를 연출하였다.

로 이동하면서 골목길, 계단, 공중전화박스를 거친다. 이 공간들은 좁고 답답하다. 심장박동 소리가 과장되게 들리는 사운드는 좁은 공간 이미지와 결합되어 소시민의 답답한 현실 및 꿈과 실재의 괴리를 은유한다. 여자와 레스토랑에서 만난 후 훔친 지갑에 돈이 없음을 알고 좌절하며 계단을 내려오는 장면은 상승을 꿈꾸었지만 하강만 남은 주인공의 처지를 비유적으로 나타낸다. 상고 출신인 주인공과 전남대 출신의 지갑 잃어버린 남자는 모두 도시의 높다란 빌딩 안으로 들어갈 수 없는 낙오자의 인생을 살게 될 것임을 암시한다. 중산층을 향한 욕망과 선진국 담론이 사회를 휩쓸던 1980년대에 학벌 차별과 지역 차별이 노골적으로 일상화되어가는 현실이 영화적 공간 은유 속에서 드러난다.

장윤현 감독[31]의 〈인재를 위하여〉(1987)는 회색분자인 한 대학생이 고문 속에서 의식화되는 과정을 그린다. 문학청년인 대학생 우영은 자신의 시가 '민투련'이라는 운동조직의 회보에 인용 발표됨으로 해서 수사당국으로부터 조사를 받게 된다. 그러나 그가 문제인물이 아님을 알면서도 진행되는 기관원의 고문은 우영에게 또 다른 현실인식을 불러일으키면서 지난 일들을 회상하게 한다. 카메라가 긴 복도를 지나 한 취조실에 다다르면 팝송 「Beat It」이 흘러나오는 가운데 비명소리가 들린다. 영화는 대학가 시위와 강의실, 술집 장면을 교차한 후, 취조실에서 고문당하는 주인공의 처지를 오랫동안 보여준다. 굳게 닫힌 취조실에서 주인공은 피투성이로 쓰러져 있고, 기관원과 주인공 학생은 마지막에 감정적으로 교류하게 된다. 이는 폐쇄되어 있는 폭력 공간 속 인간들이 모두 시스템의 희생자임을 가리키는 것이다.

영화는 팝송 「Beat It」과 민중가요인 「솔아 솔아 푸르른 솔아」, 고문자와

---

31 1967년 생. 한양대 영화동아리 소나기 출신. 독립영화 〈오! 꿈의 나라〉와 〈파업전야〉를 공동 연출했고, 1997년에 〈접속〉으로 상업영화계에 데뷔하였다.

피고문자, 대중문화와 민중문화, 취조실과 대학교정 등 대립쌍을 놓고 있다. 이는 1980년대 중반에 나타난 각종 균열적인 문화와 균열적인 사회의식을 나타낸다. 취조실이라는 폐쇄 공간은 감시와 통제, 그리고 고문이 일상적으로 이루어지는 1980년대 사회적 공간을 상징한다. 감옥과 고문실을 떠올리게 하는 닫힌 폐쇄 공간은 1980년대의 공포의 분위기를 함축적으로 드러내는 정치적 공간이다.

〈백일몽〉과 〈인재를 위하여〉의 폐쇄 공간은 도시에 어울리는 스펙을 갖추지 못한 청년과 운동권으로 오인된 학생이 느끼는 불안한 감정을 표현하는 상징 공간으로 기능한다. 감시와 고문이 일상화된 군사정권 시대에 폐쇄 공간은 인간을 공포로 몰아넣거나, 급속한 도시화에 재빨리 편승하지 못하고만 낙오자로 하여금 만족하지 못하고 늘 근심하게 만든다. 이 영화들에 재현된 공간은 1980년대의 사회적 공간으로써 의미화된다.

도시 주변부 공간, 거리와 뒷골목 공간, 폐쇄 공간이 주류를 이루는 1980년대 초중반의 독립영화의 재현 공간은 이 시기 주류영화와 구별되는 특징으로 나타난다. 예를 들어, 1980년대 내내 주류를 형성한 장르였던 에로영화가 도시 개발과 중산층 문화를 대거 반영하였다는 점을 상기해 보자.[32] 에로영화뿐만 아니라 이 시기를 대표하는 청춘영화와 멜로드라마의 인물들은 대단지 아파트나 고급주택에서 생활하며, 영화의 많은 장면들은 고층빌딩의 사무실, 레스토랑, 호텔, 패스트푸드점, 성당과 대형교회, 대학캠퍼스, 룸살롱, 카바레 등에서 벌어지는 일상을 담는다. 이에 비해 독립영화의 공간은 국가주도의 개발정책에서 주변으로 밀려난 타자의 공간을 표현한다. 독립영화 속 주인공들은 대개 자신이 안정적으로 기거하거나 소유할 공간을 가지

---

32 정민아, 위의 논문, 58-62쪽.

지 못한다. 1980년대가 부동산 열풍으로 들썩이고, 아파트 진입이 계급 상 승을 의미하며 강남 아파트가 도시 중산층의 욕망의 대상이 되던 와중에, 도 시개발의 또 다른 얼굴로써 산동네와 허름한 뒷골목 공간이 동시에 생겨났 다. 도시개발로부터 소외된 가난한 타자의 공간으로 설정된 이 공간들은 1980년대 독립영화에 의도적으로 담기는데, 이러한 공간 재현은 당시의 사 회적, 문화적, 이데올로기적 공간을 충실히 기록한다.

1970년대 국가주도의 도시개발 이후, 1980년대에 본격적으로 산업자본주 의가 투기자본주의로 변모하며, 공간을 투기상품으로 인식해가던 탐욕스러 운 시대에서 주류에 편승하지 못한 많은 사람들은 시각적으로 화려해진 도 시공간과 도시문화에서 밀려나고 있었다. 영화 속 인물들은 거리를 어슬렁 거리거나, 임시로 지어진 주거지에서 생활하며 정주하지 못한 채 계속해서 이동한다. 때로는 사회정치구조가 이들을 옥죄어 오듯이 폐쇄된 공간 안에 서 억압당하며 괴로워한다.

화려한 서울의 고층건물 사이나 개발이 진행 중인 공사장을 떠도는 인물 들의 처지와 그들이 속한 공간은 제작자본의 한계를 가진 독립영화가 현실 에 카메라를 가져다 놓을 수밖에 없는 상황과 관련을 맺는다. 민중영화 정신 에 따른 의도적 현상인 동시에 제작자본의 한계로 인한 우연적 현상으로 나 타난 네오리얼리즘 스타일 혹은 다큐멘터리 스타일의 결합은 1980년대 독립 영화 재현 양상의 특징을 형성하였다. 사회운동의 일환으로 전개된 독립영 화 활동이 하층민과 억압받는 자들에게 주목하는 것은 당연한 일이지만, 동 시에 주류영화가 담기 힘든 1980년대 도시공간이 보여주는 대조적인 공간상 을 독립영화가 잘 포착하고 있다.

＊ ＊ ＊

1980년대 초에 등장한 초기 독립영화에는 영화운동적인 의미가 강하게 실렸다. 1980년대 초 국가주도의 억압적 통제사회가 1980년대 중반으로 넘어가면서 차차 대중운동이 활성화되어 헤게모니가 민주화세력으로 이동하고 있었다. 이때에 맞추어 통제적인 영화정책에서 일대 변화가 생겨나고, 한국영화 제작에 혁신의 계기가 만들어졌다. 1984년의 제5차 개정 영화법이 영화제작을 허가제로 바꾸고, 독립영화 제도를 명문화하며, 검열을 심의로 변경함으로 인해 1980년대 중반 이후 독립영화 제작의 활로가 펼쳐지게 되었던 것이다.

1987년 1월 서울대 박종철 학생 고문치사사건으로 시작하여, 4·3호헌조치로 촉발된 6월항쟁, 그리고 이후 7, 8, 9월 노동자대투쟁으로 한국 사회는 다시 한 번 격변을 맞이한다. 대통령 직접선거라는 정치적 과제와 노동자, 농민, 도시빈민의 권리수호운동이 한창이던 시절 영화운동을 수행하던 집단이나 대학 내 영화동아리는 이러한 사회변혁의 분위기를 자신들의 영화에 적극적으로 반영하며 영화의 역할에 대해 진지하게 고민하고 있었다.

1980년대 독립영화에는 긴박하게 펼쳐지는 사회변화가 보다 적극적으로 반영된다. 독립영화는 1980년대 초 도시의 하층민 묘사에서 1980년대 중반에는 민주화투쟁과 대의 앞에서 윤리적 딜레마에 빠진 개인을 그리는 방향으로 공간과 주제의 표현에 있어 변화를 보인다. 한국영화 역사에서 암흑기로 표현되곤 하는 1980년대에 독립영화가 태동하였고, 독립영화 진영에서 훈련된 영화인들은 1990년대로 넘어가는 길목에서 한국영화 부흥을 이끄는 새로운 세대의 주역으로 등장하였다.

참고문헌

[단행본]

강준만, 『한국 현대사 산책—1980년대 편』 1·2·3권, 인물과사상사, 2003.

김동호 외, 『한국영화 정책사』, 나남출판, 2005.

김미현 책임편집, 『한국영화사—開化期에서 開花期까지』, 커뮤니케이션북스, 2006.

유지나 외, 『한국영화사 공부 1980-1997』, 이채, 2005.

이중거 외, 『한국영화사의 이해』, 예니, 1992.

이충직 외, 『한국영화 상영관의 변천과 발전방안』, 문화관광부, 2001.

정해구, 『전두환과 80년대 민주화운동』, 역사비평사, 2011.

조명래, 『공간으로 사회읽기』, 한울아카데미, 2013.

호현찬, 『한국영화 100년』, 문학사상사, 2000.

앙리 르페브르, 양영란 역, 『공간의 생산』, 에코리브르, 2011.

에드워드 소자, 이무용 외 역, 『공간과 비판사회이론』, 시각과언어, 1997.

도시인문학연구소 엮음, 『현대철학과 사회이론의 공간적 선회』, 라움, 2011.

독립 다큐멘터리 연구모임, 『한국 독립 다큐멘터리』, 예담, 2003.

서울영상집단, 『변방에서 중심으로』, 시각과언어, 1996.

영화진흥공사, 『한국영화연감』, 1980-1987.

한국행정연구소, 『전두환정부』, 대영문화사, 2014.

[학술논문]

김소연, 「민족영화론의 변이와 '코리안 뉴웨이브' 영화담론의 형성」, 『대중서사연구』 제
　　　15호, 2006.

＿＿＿, 「1980년대 영화운동 담론에 나타난 세계영화사와의 전이적 관계 연구」, 『현대
　　　영화연구』 제15호, 2013.

남은영, 「한국 중산층의 소비문화: 문화자본과 사회자본의 함의를 중심으로」, 『한국사
　　　회학』 제44권 4호, 2010.

문관규, 「한국영화운동사에서 '영상시대'의 등장 배경과 영화사적 의의」, 『씨네포럼』
　　　제14호, 2012.

이미경, 「제도화 이후 영화운동의 변화」, 『지방자치연구』 제16호, 2013.

정민아, 「1980~1987 한국영화의 관람 공간—관객, 장르, 극장을 중심으로」, 『현대영화
　　　연구』 제24호, 2016.

[학위논문]

강홍기, 「한국영화의 사회적 생산에 대한 연구」, 한림대학교 석사학위논문, 1999.

김동현, 「독립영화와 표현의 자유」, 성공회대학교 석사학위논문, 2014.

김성만, 「1980년대 한국의 정치변동, 1979~1987」, 연세대학교 석사학위논문, 2002.

김은정, 「한국 독립영화의 문화적 이행: 사회운동에서 문화로」, 이화여자대학교 박사학
　　　위논문, 2015.

김정민, 「한국 독립영화사 연구」, 건국대학교 석사학위논문, 2015.

차두옥, 「1980~1990년대 변환기의 한국영화 연구」, 동국대학교 석사학위논문, 1998.

[웹페이지]

영화진흥위원회 http://www.kobis.or.kr/

한국영화데이터베이스 http://www.kmdb.or.kr/index.asp/

1980년대 초반, 소극장 등장과 그 배경*

한상언

　1970년대 초반 정점을 찍은 한국의 영화산업은 이후 급속한 쇠퇴기를 맞게 된다. 결정적인 이유는 텔레비전 수상기의 보급에 따른 관객의 감소였다.[1] 1971년 전국에는 717개소의 영화관이 있었다. 그러나 1970년대 내내 그 숫자가 감소하여 1980년에 이르면 전국 447개소의 영화관만 남게 된다.[2] 1980년대에도 그 상황은 바뀌지 않아서 서울 부심에 위치한 영화관들도 경영난으로 폐관하는 사례가 속출하기에 이른다.[3]

　사라진 영화관의 대부분은 도시 외곽이나 지방의 영화관이었다. 텔레비전 수상기의 보급 외에 지방 소재 영화관들이 폐관할 수밖에 없었던 직접적인 원인은 이촌향도 현상으로 지방의 인구가 급감한 것이 컸다. 반면 인구가 급증한 서울 부심에서 영화관이 폐관하게 되는 주된 이유는 전체적인 관객 수 감소 상황에서 서울 외곽에 거주하는 관객들까지 시내 중심지의 극장이 흡수하였던데 있다. 이로 인해 시내 부심의 영화관은 큰 타격을 입을 수밖에

---

* 이 글은 『현대영화연구』 24호(2016년, 81-103 쪽)에 실린 논문을 수정 · 보완한 것임.

1　1969년 1억7천3백만이라는 역대 최다의 전국관객수를 기록한 이후 1979년에는 6천5백만명에 머무는 등 70년대 내내 영화관객수는 줄었다. 같은 시기 가구당 TV수상기 보급률은 3.95%에서 79.10%로 TV수상기의 보급의 급속한 신장과 대조됨을 알 수 있다. 이길성 · 이호걸 · 이우석, 「1970년대 서울의 극장산업 및 극장문화 연구」, 영화진흥위원회, 2004, 29쪽 표 참조

2　위의 책, 31쪽.

3　金亮三, 〈劇場街 새바람 미니映畵館〉, 《京鄕新聞》, 1983.1.27.

없었다.

유신시대의 끝자락에서 시작된 1980년대는 전두환을 위시한 정치군인들이 일으킨 쿠데타로 인해 또 다른 냉각기로 시작될 수밖에 없었다. 쿠데타로 권력을 쥔 전두환은 광주민주화운동을 폭력적으로 진압함으로써 변화에 대한 시민들의 열망에 찬물을 끼얹었다. 이러한 상황에서 출범한 전두환 정권은 시민들의 불안과 불만을 해소하고 박정희 유신정권과의 단절을 보여주기 위한 각종 제도정비를 단행했다. 이중 1981년 개정된 공연법은 300석 이하, 300제곱미터 규모의 소극장의 경우 허가 없이 설립할 수 있도록 제도화 하였다. 또한 1977년 이래 수도권 인구분산 정책의 일환으로 금지한 강북지역 극장설립도 허가해주었다.[4]

소극장 규모의 영화관 설립이 가능해지자 도시의 변두리나 부심지에는 이러한 소극장 형태의 영화관이 우후죽순 격으로 설립되기 시작했다. 이에 따라 사라질 위기에 있던 영화관 중에는 영화관의 규모를 줄이거나 연극공연장을 부설하는 식의 변화를 꾀하는 경우가 생겼다. 이중 서대문극장을 개조한 태멘푸른극장의 경우 기존의 극장시설을 개조하여 개봉관으로 승급하는 것 외에 연극공연장을 설치하고 영화관 시설의 일부를 전시, 강연 등을 할 수 있는 공간으로 꾸며 복합문화공간으로 재탄생하기도 했다.[5]

또한 영화관이 없던 지역에도 소극장 규모의 영화관이 들어섰다. 대표적으로 강남지역에 들어선 씨네하우스는 중산층 가족 관객들을 위한 시설들을 설치하여 도심의 대형 영화관은 물론 주변의 소극장들과의 차별화된 전략을 추구했다.[6]

---

4 위의 기사.
5 〈젊은이의 體臭 感興을 살린다〉, 《京鄕新聞》, 1982.7.12.
6 〈강남에 씨네하우스 개관〉, 《每日經濟》, 1985.11.19.

이렇듯 공연법 개정으로 건립이 가능해진 소극장 형태의 영화관은 영화산업의 변화를 능동적으로 이끈 공간이자 그때까지의 관람문화와는 다른, 도시문화의 다양한 스펙트럼을 보여주는 역할을 담당하기도 했다.

1. 영화에서 텔레비전으로

1.1. 컬러 방송의 시작

1979년 10월 26일 박정희 대통령이 중앙정보부장 김재규의 저격으로 사망한다. '박정희대통령시해사건'의 수사 책임자인 보안사령관 전두환은 동년 12월 12일 쿠데타를 일으켜 군을 장악하고 권력을 쥐게 된다. 1980년 5월, 광주민주화운동을 무력으로 진압한 전두환의 신군부는 유리한 여론 환경을 조성하기 위해 1980년 7월 말부터 언론사통폐합을 계획하여 동년 11월 전격 실시한다. 이 과정에서 민영방송인 TBC가 KBS에 흡수되어 KBS2가 되었으며 MBC 역시 주식 65%를 KBS가 인수하도록 하였다. 이로써 실질적으로 모든 텔레비전 방송국을 KBS가 지배하는 형태로 구조조정이 완료되어 텔레비전 방송 전체가 권력의 수중에 들어가게 된 것이다.[7]

신군부의 텔레비전 방송 장악은 텔레비전의 영향력이 신문과 같은 활자매체의 영향력을 넘어 섰음을 보여주는 것이었다. 실제로 1970년 당시 불과 10.1%에 머물던 전국 텔레비전 수상기 보급률은 1980년에 이르면 85.0%에 다다랐으며 1982년 이후에는 수상기 보급률이 100%에 가까워졌다.[8] 사실상

---

7 김주언, 『한국의 언론통제』, 리북, 2008, 238~245쪽.

8 사실상 전 가구에 텔레비전이 보급되자 텔레비전 보급률 대신 컬러텔레비전 수상기 수를 조사하기 시작했다. 김정호, 「영화산업과 TV산업의 상호작용 연구」, 『영상학보』 3호, 1992, 112쪽, 표4-1 참조.

텔레비전 수상기 보급이 완료된 상황에서 신군부는 쿠데타와 계엄령, 광주 민주항쟁으로 혼란하던 국면을 미디어의 장악을 통해 진정시키려 했고 이를 위해서는 텔레비전 방송을 손아귀에 틀어쥐는 것이 급선무라 여겼던 것이다.[9]

　텔레비전 방송을 장악하는 과정에서 신군부는 박정희 정권이 시행을 미뤘던 컬러텔레비전 방송을 시작한다. 기실 컬러텔레비전 방송은 KBS가 여의도에 방송국을 신축하던 1976년부터 가능했다.[10] KBS는 1976년 여의도에 새로운 방송국을 건설하면서 컬러 방송을 대비하여 대부분의 기재를 컬러 방송에 맞춰 준비했다. 그러나 박정희 정권은 "컬러TV수상기 교체로 인한 국가적 손실, 제작비 3倍增으로 인한 물가 앙등 조작, 소비 및 사치풍조 조성, 수상기 소유자와 미소유자 간의 不協和로 인한 總和 저해 요인 등"의 부작용을 이유로 컬러 방송은 GNP 2천달러가 되어야 가능하다며 사실상 컬러텔레비전 방송을 무기한 연기했다.[11] 이후 컬러 방송 불가라는 정부의 방침은 조기 컬러 방송 시작이라는 대중의 바람이 강하게 드러날 때마다 반복적으로 강조되었다.

　정부의 컬러 방송 불가 원칙에도 불구하고 컬러 방송에 대한 대중의 기대는 점점 커 갔다. 특히 1980년 4월 방한한 미국하원 무역소위 의원들이 한국산 컬러텔레비전에 대한 수입규제를 풀어주는 선결조건으로 컬러텔레비전의 국내시판을 들고 나오고,[12] 정부에서도 국내 가전사들의 기술도입 만료를

9　전두환의 신군부의 언론장악은 박정희의 5.16 쿠데타 이후의 행적과 비교된다. 박정희는 쿠데타 이후 영화법을 제정하는 등 영화와 관련된 정책을 수립하는 등의 영화에 관심을 기울인 반면 전두환의 신군부는 영화에 대한 관심보다는 방송을 장악하는데 관심을 기울였다.

10　〈開局 48周 맞는 KBS의 변천상과 事業計劃〉, 《東亞日報》, 1975.2.15.

11　〈"컬러TV放映 앞당길 수 없어 GNP가 2千달라 돼야 가능"〉, 《京鄕新聞》, 1977.9.23.

12　金禧東, 〈컬러TV·自動交換 사업 기대커〉, 《每日經濟》, 1980.4.5.

앞둔 1980년 8월부터 국산 컬러텔레비전의 시판을 가능하도록 결정하자 여론은 컬러 방송의 시작이 가시화 된 것으로 받아들였다.[13]

1980년 8월, 컬러텔레비전이 시판되었고, 그 1년 후인 1981년 8월 컬러 방송의 시작이 결정되었다. 컬러 방송이 시작될 것이라는 기대가 한껏 부푼 상황에서 영화계의 반응은 일반의 반응 보다 훨씬 민감할 수밖에 없었다. 이런 분위기를 반영하여 영화진흥공사에서 발간하던 《영화》 1980년 7~8월호에는 영화감독 유현목, 영화평론가 호현찬, 서강대 신문방송학과 교수 최창섭의 글로 구성된 "칼라TV의 등장과 한국영화"라는 특집이 기획되었다. 영화와 TV의 공생을 이야기 하는 이 특집에서 유현목은 TV는 영화의 '원적(怨敵)'이 아니며 영화를 만드는 사람은 TV와 구별되는 기획으로 관객을 극장으로 돌아오게 해야 한다고 주장했다. 이를 위해 영화만이 가진 특성을 충분히 발휘할 수 있게 새로운 영상주의에의 탐구를 주문했다.[14] 호현찬은 미국의 예를 들어 시네마스코프나 시네라마와 같은 와이드스크린으로의 전환이 하나의 방안이 될 수 있다고 했으며,[15] 최창섭 역시 컬러TV가 줄 수 없는 영화만이 만족시킬 수 있는 요인을 심층 규명하여 이를 토대로 한 과학적 제작 풍토를 조성하는데 노력해야 한다고 주장했다.[16]

이렇듯 컬러 방송이 가뜩이나 침체한 영화산업을 위협한다고 생각하고 그 대책을 강구해야 한다는 주장에 더해 컬러 방송은 어차피 닥칠 일이었기에 영화가 TV와 공생할 수 있는 방안을 강구해야 한다는 의견도 쏟아져 나왔던 것이다.

---

13 〈컬러TV 8월부터 市販〉, 《京鄕新聞》, 1980.7.12.
14 俞賢穆, 〈늦게나마 당연한 것이 왔는데〉, 《映畵》, 1980年 7~8月號, 20~21쪽.
15 호현찬, 〈칼라TV 시대가 열린다면 영화는 어떻게 될 것인가〉, 위의 잡지, 23쪽.
16 최창섭, 〈칼라TV의 도래와 영화제작상의 대책〉, 위의 잡지, 30쪽.

1981년 8월에 실시될 것으로 예정되었던 컬러 방송은 전두환 정권의 탄생과 함께 곧바로 시작되었다. 1980년 9월 1일 11대 대통령에 취임한 전두환은 컬러텔레비전 시판 1년 후 컬러 방송 시작이라는 기존의 원칙을 깨고 광주민주항쟁 직후의 흉흉한 여론을 환기하고 새로운 정권이 들어선 직후 명랑한 사회분위기 조성을 위해 컬러 방송의 시작을 전격 지시하게 된다.[17] 컬러 방송은 1980년 12월 1일 KBS에서 시험방송을 시작으로 시작되었으며 MBC와 KBS2도 12월 22일부터 컬러 방송을 시작했다. 이로써 모든 채널에서 컬러 방송을 송출, 본격적인 컬러 방송의 시대가 개막되었다.

1980년, 관객 수가 전년에 비해 20%가 줄어든 상황에서 컬러 방송의 조기 시작은 예정된 것이었지만 영화계에 있어서는 예상보다 큰 심리적 충격을 안겨 주었다. 특히 텔레비전에서 방영되는 외화가 영화관 관객을 뺏어가는 대표적인 프로그램으로 지탄의 대상이 되었다.

실제 컬러 방송이 시작된 지 얼마 되지 않은 상황에서 각 방송사에서는 자체 프로그램을 제작하는 것 보다는 자사의 컬러 방송을 선전할 수 있는 컬러 영화를 수입하여 방영하는데 열중했다. KBS와 MBC는 컬러 방송 시작 이후 시청률 경쟁에서 승리하기 위해 외화 상영에 치중했다. 컬러 방송이 시작된 1981년 상반기(1981.1.1.~6.30.) 3개 채널에서 방영한 외화는 무려 107편에 이르렀을 정도로 많았다.[18] 특히 KBS의 경우 1981년 3월 한 달간 13편의 외화를 수입 방영하였는데 이들 외화 프로그램은 걸작서부영화, 왕년의 화제작, 최신영화들을 망라한 것으로 "극장은 태풍을 맞은 듯 했다"[19]는 원성을 듣기도 했다.

---

17 〈컬러TV 내달부터 放映〉, 《東亞日報》, 1980.11.10.
18 〈'81年 上半期 劇場用 外畫 放映 一覽〉, 《映畫》, 1981年 7·8月號, 33쪽.
19 申政哲, 〈取才, TV外畫의 輸入經路와 그 問題〉, 《映畫》, 1981年 7·8月號, 22쪽.

영화인들은 텔레비전에서 방영되는 외화가 흑백이 아닌 컬러로 방영된다는 점에 보다 민감하게 반응했다. 영화감독 김수용(金洙容)은 "거의 무제한으로 방영되는 TV영화에 대해 우리 영화인은 분노를 넘어 아연실색할 따름"[20]이라는 말로 무분별한 외화방영에 대한 공정한 시책이 함께 되어야 함을 주장했다. 반면 서강대 교수인 이근삼(李根三)은 "당국의 규제를 무엇보다 싫어한다는 영화계가 위협이 느껴질 때는 누구보다도 당국의 보호와 규제를 요청하는 태도는 옳지 않다"[21]며 영화예술이 가진 특성을 살려 최선을 다해 노력하는 수밖에 없다는 다소 냉정한 의견을 피력하기도 했다.

이렇듯 1980년 전두환 정권에 의해 시작된 칼라 방송은 영화계에 있어서 영화산업 침체의 골을 더욱 깊게 만드는 요인으로 인식하게 만드는 중요한 사건이었다. 이러한 사건을 여실히 확인시키는 것은 바로 극장수의 감소였다.

1.2. 영화산업의 침체와 극장의 감소

전두환 정권은 컬러 방송의 시작으로 위기감을 느끼고 있던 영화계에 한국영화 보호장치인 스크린쿼터 제도를 강화하는 식의 대책을 내놓는다. 외국영화 상영일수를 연간 상영일수의 3분의 2를 초과하여 상영할 수 없게 한 기존의 대책을 연간 200일을 초과하여 상영할 수 없게 강화한 것이다.[22] 관객이 줄어들고 있는 상황에서 1970년대식으로 스크린쿼터를 강화하는 방식은 미봉책에 불과했다. 영화산업의 침체는 계속되었다.

관객 수의 변화를 보면 영화산업의 침체 현황을 보다 극적으로 알 수 있다. 1970년대 내내 관객 총수는 급감하여 1969년 1억 7천만명이 넘는 관객

---

20 金洙容, 〈푸짐한 서어비스 外畵放映〉, 위의 잡지, 28쪽.
21 李根三, 〈어차피 겪어야 할 길〉, 위의 잡지, 32쪽.
22 김동호 외, 『한국영화 정책사』, 나남출판, 2005, 260쪽.

을 동원하던 것이 1980년에 이르면 5천 3백만명으로 관객 총수가 3분의 1로 줄었다. 인구 1인당 관람회수 역시 1968년 연 5.7회를 정점으로 급감하여 1982년 연 1.1회로 떨어졌고 이후 고정된 채 정체되었다.[23] 관객 수의 급감은 시내 중심의 개봉관보다는 시설이 낙후된 변두리와 도심의 3, 4번관을 중심으로 심화되었다.

　아래 제시된 두 개의 표는 1970년대 말 부터 1980년 초까지 서울의 관객 수의 변화를 담고 있다.

[표 1] 서울시관객 극장 등급별 입장수 실태표[24]

기간	개봉관	재상영관	3상영관	4상영관	계
78.1.~12.	13,709,871	13,124,381	7,926,185	6,847,326	41,607,763
79.1.~12.	13,631,222	11,463,516	5,150,744	5,413,726	35,679,208
80.1.~9.	9,107,622	6,973,140	2,343,240	3,240,174	21,664,176

[표 2] 서울시관객 1일평균 극장 등급별 입장 수 실태표[25]

년도	개봉관	재상영관	3상영관	4상영관	총평균
78	3,130	1,199	905	722	1,239
79	3,112	1,047	588	570	1,062
80	2,887	862	447	465	897

23　김정호, 앞의 논문, 〈표4-1〉 참조.
24　金重一, 〈[서울劇場街散策] 흥행계에도 통계 숫자는 의미가 있다〉, 《映畵》, 1980年 11·12月 號, 113쪽, 표3 재인용.
25　위의 글, 표4 재인용.

앞의 표에서 알 수 있듯이 줄어든 관객들의 많은 수는 서울의 3상영관이나 4상영관의 관객들이었다. 1일 평균 관객 수를 보면 그 상황을 더욱 체감할 수 있는데 개봉관이나 재상영관의 경우 1일 평균 관객 수가 완만하게 감소하고 있었지만 3상영관은 905→588명(35% 감소), 4상영관은 722→570(21%)의 급속한 감소를 보이고 있었다.

이렇듯 서울에서 영화 관객의 감소는 3번관이나 4번관과 같이 변두리에 위치해 있거나 주택가 부근에 위치하여 텔레비전의 보급에 직접적으로 영향받았을 것으로 해석되는 지역의 영화관들이 주로 피해를 입었음을 알 수 있다. 서울극장협회 총무부장 김중일은 위의 데이터를 근거로 당장 약 60개소의 영화관이 문을 닫아야 한다고 주장했다.[26]

영화산업이 침체하기 시작하던 1970년대 이미 지방의 많은 영화관이 문을 닫았다. 서울의 경우는 그 감소 속도가 늦었다. 1972년 118개소로 정점을 찍었던 서울의 극장수는 매년 감소하여 1979년 92개소로 7년 사이에 26개소의 영화관이 문을 닫았다. 1980년대 들어서서도 영화관의 감소는 계속되었다.

[표3] 연도별 폐관 극장

폐관연도	극장명	객석수	설립연도	주소	비고
1980	동보	405	1959	종로구 숭인동 1253	
	신답	674	1971	성북구 용답동 121	
	뚝도	270	1958	성동구 성수동1가 72-10	
	미도	480	1956	성북구 돈암동 30-4	
	이문	728	1971	성북구 석관동 330-1	

---

26 위의 글, 113쪽.

폐관연도	극장명	객석수	설립연도	주소	비고
	태평	580	1964	용산구 이태원동 산13	
	우신	708	1967	영등포구 신길동 254	
	명수대	492	1957	관악구 흑석동 95-7	
1981	자유	400	1956	중구 남창동 52-2	
	동도	427	1948	성북구 동소문동3가 63	
	노량진	548	1963	동작구 노량진동 100-1	
	강남	527	1968	동작구 상도동 363-163	
1982	극동	470	1961	중구 충무로4가 131	소극장전환
	동화	639	1954	중구 신당동 302-4	
	시대	475	1959	동대문구 전농동 521-1	
	경미흥업	499	1958	동대문구 답십리동 521-8	
	남성	866	1969	동작구 사당동 135-1	
	경신	370	1965	영등포구 신길동 103-2	
1983	국일	486	1964	구로구 구로동 704	
	불광	380	1963	은평구 대조동 6-9	

출전: 『한국영화연감』 1980년~1984년

위에 제시된 표에서 알 수 있듯이 1980년 8개소, 1981년 4개소, 1982년 6개소, 1983년 2개소의 영화관이 문을 닫았다. 대부분의 영화관이 500석 내외의 객석을 가진 3, 4번관으로 대부분 도심이 아닌 변두리에 위치하고 있었다.

이들 영화관들은 서울이 급속하게 팽창하던 시기에 새롭게 형성된 주거지를 배경으로 탄생한 경우였기에 텔레비전의 보급이 확대되자 그 영향을 보다 직접적으로 받을 수밖에 없었던 것으로 보인다.

2. 공연법 개정과 소극장의 족출

2.1. 영화인정화운동결의대회

신군부가 언론사통폐합을 통해 텔레비전 방송을 장악한 것과는 달리 영화산업에 대한 적극적인 정책을 펼치지 않은 것은 영화라는 매체가 지닌 선전, 선동의 수단으로써의 영향력이 현저하게 축소되었음 의미한다.[27] 그럼에도 불구하고 전두환 정권의 등장을 앞두고 영화인들을 총동원하여 개최한 "영화인정화운동결의대회"는 유명 영화인들을 앞세워 쿠데타로 집권한 전두환 정권에 충성을 표하는 행위를 연출함으로써 정권의 정당성을 과시하는 행위였다. 쿠데타로 집권하여 정권의 정당성이 취약한 상황에서 이루어진 이러한 요식행위는 영화계뿐만 아니라 사회전반에서 동시다발적으로 이루어졌다.

영화계에서 이루어진 "영화인정화운동결의대회"는 한국영화인협회, 한국영화제작자협회, 한국문화광고영화제작자협회, 영화진흥공사 직원들이 모두 참여한 가운데 1980년 8월 19일 하오 2시 세종문화회관 별관에서 개최되었다. 이 대회에서 영화인협회 이사장 신영균이 대회사를, 문화공보부 차관 김은호가 격려사를 했으며 이어 〈우리들의 결의〉라는 제목의 결의문을 고영남 감독과 배우 윤일봉, 유지인이 낭독했고 배우 태현실, 남궁원, 하명중, 이영옥은 구호를 선창했다. 끝으로 국토통일원연구소 강광식의 특별강연이 이어졌다.[28] 대회당일 낭독된 결의문과 구호는 다음과 같다.

---

27 전두환의 신군부가 영화계에 대해 무관심할 정도의 반응을 보여준 것은 1961년 5.16 쿠데타를 일으켰던 박정희가 쿠데타 이후 영화산업의 원활한 통제를 위해 영화법을 제정하는 등 영화산업에 대한 정부의 적극적인 개입과 지원으로 영화계에 영향력을 행사한 것과는 다른 모습이다.

28 《映畵》 1980年 9·10月號에는 "영화인정화운동결의대회"의 화보가 실려 있다.

〈우리들의 결의〉

오늘의 현실이 남의 현실이 아니라 우리의 현실임을 자각하며 우리 전체 영화인은 국가 백년대계의 새로운 기반을 만들기 위한 국가보위비상대책위원회의 사회개혁의 모든 결정을 전폭적으로 지지하며 새로운 시대, 새로운 사회, 새로운 질서, 새로운 역사의 창조를 위하여 영화 영역의 정화운동에 앞장서서 우리 주변의 부조리를 정화하고 획기적으로 개선함으로써 밝고 맑은 새사회 건설에 우리의 사명을 다할 것을 굳게 맹세하며 영화인 정화운동 결의 대회는 다음과 같이 결의한다.

1. 새로운 질서를 확립하기 위하여 우리 전체 영화인은 스스로 주변의 부조리를 완전히 뿌리 뽑는 정화운동에 앞장서 새로운 영화풍토를 건설할 것을 다짐한다.
1. 새로운 사회를 건설하기 위하여 우리 전체 영화인은 국가관 확립을 재확인하며 명랑하고 정의로운 사회를 만드는데 영화인의 사명을 다할 것을 다짐한다.
1. 새로운 시대를 이룩하기 위하여 우리 전체 영화인은 공통 목표를 지향하여 화합으로 단결하고 영화예술 발전을 위하여 전력을 경주 할 것을 다짐한다.
1. 새시대 역사 창조를 위하여 우리 전체 영화인은 새로운 영화창작으로 국위를 선양하는 영화예술인으로서의 사명을 완수 할 것을 굳게 결의한다.

1980. 8. 19.
한국영화인협회
한국영화제작자협회
한국문화광고영화제작자협회
영화진흥공사[29]

"영화인정화운동결의대회"와 같은 관제행사는 전두환 정권의 등장이라는 "새로운 질서"의 시작을 과거 박정희 정권이 보여준 부조리를 뿌리 뽑는 정화활동으로 보여줌으로써 대중들을 전두환 정권에 복종하게 만드는 효과를

---

29 〈우리들의 결의〉, 《映畵》, 1980年 9·10月號, 25쪽.

가져 올 수 있었다.

이러한 관제행사는 교양강좌라는 이름으로 행해진 이데올로기의 주입을 통해 강화되었다. 대통령 취임 직후인 1980년 9월 2일과 3일 양일간 영화진흥공사 시사실에서 '새시대의 민족사관과 예술인으로서의 가치관을 정립하기 위한 영화인 교양강좌'가 개최되었다. 이 교양강좌에서 연세대 교수 김형석은 "새시대 예술인의 자세와 가치관"이란 주제의 강연을, 숭전대 교수 나장운은 "새역사 창조와 국민의 자세"란 주제로 강연을 펼쳤다.

전두환 정권 등장 전후, 교양이라는 명목으로 이루어진 영화인들에 대한 단속은 정권 차원의 선전활동으로 이어졌고 1981년의 영화시책에 그대로 반영되었다. 1981년 영화시책에는 "새 시대 새 역사 창조에 기여하는 영화제작을 유도한다"는 내용이 명기되었으며 방침에서는 "영화업계의 부조리를 제거하고 영화계의 풍토를 정화 한다"는 항목을 넣어 전두환 정권이 강조하던 "사회정화"에 영화계도 예외가 아님을 보여주었다. 또한 우수영화의 정의에 "예술성을 지니고, 많은 사람이 보고 즐길 수 있으며 관객에게 감명을 주고 사회의 계도성과 교양성을 갖춘 독창적인 작품"이라 규정함으로써 전두환 정권이 원하는 영화가 어떤 것임을 잘 보여주었다. 이러한 영화인들에 대한 정권차원의 단속은 침체한 영화산업을 활성화시키기 위한 노력으로 이어지지는 않았다.

2.2. 공연법 개정과 소극장의 합법화

광주민주화운동을 폭력적으로 진압한 신군부에서는 요식행위를 통해 권력 승계 작업을 완료했다. 1980년 10월 22일 새로운 헌법안에 대한 찬반 국민투표에서 90%가 넘는 찬성률로 새로운 헌법이 확정되었다. 10월 27일 5공화국 헌법이 공포되면서 통일주체국민회의는 폐지되고 10대 국회와 기존의 모든 정당들도 해산되었다. 이를 대신하여 국가보위입법회의가 구성되었고 이 기구를 통해 국가체제를 구성하는 각종 법률 등이 새롭게 제정되었다. 새롭게 만들어진 법률에 의거하여 1981년 3월 25일 치러진 11대 총선에서 전두환이 이끄는 민정당이 과반의석을 넘겨 제1정당이 되었다.

민정당에서는 1981년 9월 26일 중앙집행위원회를 열고 공연법 개정을 포함한 당이 공약했던 각종 법안들을 통과시키기로 한다. 영화산업이 불황을 면치 못하는 가운데 존폐의 기로에 선 극장업자들의 불만과 연극, 영화계의 요구를 받아들인 결과였다.

소극장 설립을 자유롭게 하는 공연법 개정에 대해서는 연극인들이 중심이 되어 그 필요성을 역설한 바 있다. 1975년 명동예술극장이 사라진 이후 창고극장을 비롯한 몇 개의 소극장이 들어섰으나 이들 대부분은 극장설립과 관련한 시설 규정을 지키고 있지 않았다. 영화관에 맞춰 정해진 규정을 따르기에는 대부분의 연극용 극장들은 재정적으로 열악했기 때문이었다. 이에 따라 연극인들이 중심이 되어 공연법 개정을 지속적으로 청원했다. 특히 박정희 서거로 민주화에 대한 기대가 크던 1980년 2월, 임영웅을 위원장으로 김의경, 이태주, 안평선, 이중한(언론인), 이재인(고문변호사) 등이 공연법 적용과 타당성을 살펴보는 소위를 만들어 운영하는 등 공연법 개정을 위한 노력을 기울였다.[30] 창고극장 대표였던 이원경(李源庚)은 공연법이 일제의 잔재임을 밝히는 논문 형태의 건의문을 작성하여 공연법 개정을 뒷받침 하는 주장에 힘을 실었다.[31]

1982년 3월 1일 새롭게 시행된 공연법에서는 "대통령령이 정하는 소규모의 공연장 및 특수목적을 위한 공연장"(제7조)은 허가 없이 설치를 가능토록

---

30 〈연극계화제〉, 《京鄕新聞》, 1980.2.15. ; 〈연극계 法的 權利 찾기운동〉, 《東亞日報》, 1980.3.11.
31 〈창고劇場에서 隱退 元老 李源庚씨 건의〉, 《京鄕新聞》, 1980.12.16.

했다. 이어 1982년 3월 11일부로 시행된 공연법시행령에서는 허가를 받지 않아도 되는 공연장으로 "1. 국가·지방자치단체나 교육기관의 시설 또는 광장, 2. 공연에 제공함을 주된 목적으로 하지 아니하는 시설 또는 장소, 3. 객석이 300석 이하이거나 객석의 바닥 면적이 300제곱미터이하인 공연장, 4. 다른 법령의 규정에 의하여 공연을 행할 수 있는 호텔·유흥음식점등 접객업소, 5. 음반을 다중에게 무료로 시청하게 하는 시설 또는 장소"(공연법시행령 8조 1항)로 명문화함으로써 300석이하거나 바닥면적 300제곱미터 이하의 소극장이 자유롭게 설치될 수 있는 법적인 보장을 얻게 된다.

소극장 설치가 합법적으로 이루어지자 300석 이하이거나 바닥면적 300제곱미터 이하 규모의 영화관이 만들어지기 시작한다. 1982년 하반기에만 뉴코아예술극장, 영동극장, 마천소극장, 공항극장, 이수극장, 금강극장 등 소극장이 족출했다. 공연법에 적용을 받는 일반극장들이 폐관하는 것과는 달리 소극장은 급속하게 늘어나기 시작하여 1984년 3월 31일 현재 서울에서만 41개소의 영화상영용 소극장이 운영되고 있었다.

1982년 이후 등장한 이들 소극장은 비용을 적게 들이는 대신 일반극장들이 수용하던 관객들을 흡수하였다. 다시 말해 소극장의 등장으로 총 객석 수가 점차 늘어나게 되면서 이후 한국영화산업이 관객 수의 급감을 피하고 산업적 체질을 개선하고 회생할 수 있는 시간적 여유를 주었던 것이다.

3. 지역별 소극장의 특색

소극장 설립이 가능해지자 각지에 소극장 형태의 영화관이 들어서기 시작했다. 또한 사라질 위기에 있던 극장들이 소규모 영화관과 연극공연장으로 재탄생하는 경우가 생겼다. 이들 새롭게 탄생한 영화관은 지역적 특성에 맞는 특징들을 보여주는 공간으로 자리 잡았다. 여기에서는 영화용으로 설립된 소극장의 특징을 크게 세 가지로 구분해 살펴보도록 하겠다.

첫째, 가장 일반적인 경우로, 서울 부심의 일반 상가에 자리 잡은 소극장용 영화관이다. 서울 부심은 교통의 요지로 유동인구가 많았다. 중대형 영화관의 폐관으로 줄어든 객석수를 이들 소극장용 영화관이 채워주었다. 이들 영화관의 프로그램은 2편, 혹은 3편의 저가필름으로 구성되었는데 저가의 필름을 다수 상영했던 소극장용 영화관은 한국영화산업이 유지될 수 있는 산업적 토대가 되어 주었다.

둘째, 기존의 중대형 영화관을 개조하여 복합문화공간으로 활용하는 경우로 서대문로타리에 위치하고 있던 700석 규모의 서대문극장을 개조한 태멘푸른극장이 그 효시였다. 태멘푸른극장은 〈겨울여자〉와 같은 화제작을 기획했던 김정률이 대표를 맡았다. 그는 1억여원의 예산을 들여 에어컨 설치(3천2백만원), 오디오시설 개비(8백만원), 세종문화회관과 같은 급의 1천여석의 최신의자(3천만원), 스크린과 영사기 개비(1천2백만원) 기타 부대시설보수(2천만원)를 하여 태멘푸른극장을 개봉관으로 승격시켰다.[32] 또한 지하에 소극장을 설치해 연극공연을 상설화 할 수 있게 했으며 극장 내에 각종 공연, 전시 등을 할 수 있는 공간을 마련하여 영화관 전체를 복합문화공간으로 이용하도록 기획, 설립초기 큰 화제를 몰고 왔다.[33]

태멘푸른극장이 위치한 서대문로터리는 경기대, 연세대, 이화여대, 서강대, 홍익대 등 대학이 밀집된 서울 서쪽의 관문과 같은 곳으로 태멘푸른극장은 구매력이 높은 이들 대학생 관객들을 주요한 타겟으로 삼아 운영했다. 그 결과 태멘푸른극장은 밝고 건전한 보수적인 대학문화를 대변하는 장소로 활

---

32 〈邦畫 동시개봉 時代로〉, 《每日經濟》, 1982.7.9.
33 〈젊은이의 體臭 感興을 살린다〉, 《京鄕新聞》, 1982.7.12.

용되었다.

태멘푸른극장의 경우와는 달리 시내 중심부의 극동극장이나 파고다극장의 경우는 퇴폐적이고 불건전한 이미지의 비주류 문화를 대변하는 장소였다. 재개봉관인 극동극장과 파고다극장을 소유하고 있던 극장업자 안수복은 소극장 설치가 자유화 된 이후 470석의 극동극장을 257석의 소극장으로 개조했으며 이어 613석의 파고다극장을 497석의 파고다극장과 299석의 낙원극장, 공연전문극장인 파고다예술극장으로 재탄생시켰다.[34]

각종 술집과 여관 등 유흥업소들이 밀집된 도심의 환락가에 자리하고 있던 이들 영화관은 오래전부터 동성애자들의 집결지로 알려져 있었다. 영화관의 내부를 개조하여 소극장 형태의 극장으로 탈바꿈함으로써 재개봉관에서 4번관으로 내려앉게 되자, 이들 영화관은 일반 관객들의 출입이 줄어드는 대신 동성애자들이 동성연애 상대를 찾는 대표적 장소로 이용되었다. 1980년대 퀴어문화는 이들 극장을 중심으로 번창하였다. 또한 파고다예술극장은 악기 전문상가인 낙원극장 주변에 위치했기에 연극공연은 물론 들국화를 비롯해 여러 록밴드들의 공연장으로 이용되면서 한국 록음악의 산실 역할을 담당하기도 했다.[35]

이렇듯 시내에 위치한 극동극장과 파고다극장은 음습하고 퇴폐적이고 불량한 비주류 문화를 상징하는 장소의 대명사였다. 또한 노인들이 모여 소일하던 파고다공원 주변에 자리하고 있던 파고다극장은 독특한 분위기를 풍기는 서울 중심부에 존재하는 하위문화의 한 양상을 잘 보여주는 대표적인 장

---

34 태멘푸른극장의 경우와는 달리 파고다극장이나 극동극장의 경우는 영화관을 어떻게 개축 혹은 개조되었는지에 관해서 당시의 언론이 큰 주목을 하지 않았다. 이에 관해서는 영화진흥공사에서 발간하던 『한국영화연감』의 극장현황의 좌석수의 변화를 통해 이들 영화관이 어떻게 변화되었는지를 짐작할 뿐이다.

35 「「제3의물결」 젊은 그룹사운드 "突風"」, 《京鄕新聞》, 1986.1.23.

소로서 기억되었다.

셋째, 영화관이 존재하지 않던 지역에 들어선 소극장용 영화관이다. 1970년대 개발되기 시작한 강남지역은 박정희 정권이 만들어낸 신도시로 베드타운이었을 뿐 자족적인 문화시설은 구비되지 못했다. 그러던 것이 소극장 설치가 자유화된 1982년 강남구 신사동에 영동극장이, 반포동에 뉴코아 예술극장이 설립되면서 처음으로 강남지역에 영화관이 설립되었다. 이후 강남지역에는 우후죽순 격으로 다수의 소극장들이 들어섰다. 영화수입 개방이 가시화된 1985년에는 영화수입사인 동아수출공사가 800석 규모의 동아극장을 개관하기도 했다.[36]

이 중 가장 주목할 만한 영화관은 1985년에 설립된 씨네하우스였다. 영화감독 정진우가 영화수입 개방을 대비하여 설립한 이 영화관은 1관 279석, 2관 200석 규모의 영화관으로 여타의 소극장과는 달리 최첨단의 돌비시스템을 구축하고 주차장을 완비하는 등 도심의 대형 영화관에 뒤지지 않는 설비를 갖추었다. 또한 영화를 보면서 차를 마실 수 있는 테이블을 갖춘 17석 정도의 가족석을 준비하는 등 주변의 소극장과 차별화되는 전략으로 큰 주목을 끌었다.[37] 가족관객들을 대상으로 한 씨네하우스의 등장은 새로운 중산층 주거지인 강남지역의 특성에 맞는 공간의 탄생을 의미했다. 또한 1980년대 초반 소극장의 지역별 특수성을 보여주는 하나의 예라고 할 수 있다.

36 〈개봉극장 「東亞」 문열어〉, 《京鄉新聞》, 1985.7.18.
37 〈강남에 씨네하우스 개관〉, 《每日經濟》, 1985.11.19.

* * *

영화관은 영화에 투자된 자금이 회수되는 장소로써 영화산업의 성쇠를 가
늠하는 중요한 장소이다. 또한 관객이라고 하는 불특정 다수의 사람들이 동
일한 영화를 관람함으로써 특정한 관람문화를 형성하는 도시문화의 중요한
한 부분이기도 하다.

1980년대는 한국영화산업이 가장 침체했던 시기였다. 1970년대부터 시작
된 관객의 감소는 1980년에 이르면 그 정도가 심화되었다. 이에 따라 서울
시내 곳곳에서 영화관의 폐업이 속출했다.

쿠데타를 통해 권력을 쥔 전두환은 언론사통폐합을 통해 방송을 장악하는
데 주력했다. 이와 동시에 시작된 컬러 방송은 침체된 영화계에 큰 충격을
주었다. 영화인들의 비명과 같은 요구와는 달리 영화산업에 대한 정부의 대
책은 스크린쿼터나 교호상영제 강화와 같은 한국영화제작자들을 보호하는
유명무실한 정책뿐이었다. 1970년대 내내 시행된 이 정책은 이미 그 실효성
이 없음이 증명된 것이나 마찬가지였다. 그런데 이러한 정부의 정책에도 포
함되지 않은 영화관 운영자들이 느끼는 체감상의 어려움은 아무런 혜택도
얻지 못하고 있던 영화제작업 종사자보다도 심할 수밖에 없었다.

연극계의 주장에서 시작된 소극장은 영화관 업자들의 탈출구와 같았다.
정부의 까다로운 설립요건과 운영상의 제약 등으로 들이는 비용에 비해 제
대로 된 수입을 얻지 못하고 있던 기존 영화관 업자들이나 영화업에 관심을
가진 사람들은 공연법 개정으로 허가 없이 소극장 규모의 영화관을 지어 운
영할 수 있었다.

1982년 말부터 시작된 이 소극장의 족출은 1980년대 내내 암울하기만 했
던 한국영화산업의 위기를 견뎌내는데 일조한 부분이 있었다. 관객이 줄어

들면서 일반영화관이 사라지면 영화흥행업 자체는 급속도로 위축될 수밖에 없었다. 한국영화가 일정한 규모를 지킬 수 있었던 것은 1982년부터 시작된 소극장의 설립이었다. 이들 소극장들이 일반극장이 짊어지고 있던 관객 부담을 나눠 짊어지게 되면서 영화산업의 규모를 지킬 수 있었고 다행이도 1980년대 한국영화제작이 지속될 수 있는 여건을 조성했던 것이다. 다시 말해 소극장이 긴 불황을 견뎌내는 의도치 않은 탈출구의 역할을 수행했던 것이다.

도시의 여러 지역에 들어선 소극장들은 흥미롭게도 거대한 도시의 여러 지역별 특성을 보여주었다. 대학들이 밀집된 서울 서부에 위치한 태멘푸른 극장의 경우 건전한 대학문화의 모범으로 여론의 주목을 받으며 모범적인 극장 운영 기획으로 제시되었다. 반면 유흥업소들이 밀집한 시내 중심부의 파고다극장과 극동극장은 하위문화를 상징하는 장소성이 강조되었다. 여기에 새롭게 중산층 거주지로 개발된 강남지역의 경우 가족동반의 관람문화를 형성하는데 필요한 고급의 설비, 주차장, 가족석과 같은 다른 영화관이 갖추지 못한 시설을 갖춤으로써 그 지역적 특성에 맞는 영화문화의 다른 양상을 보여주었던 것이다.

이처럼 1980년대 초반의 영화산업의 변화와 소극장의 등장은 새로운 대중(영화)문화를 형성하는데 영향을 주었으며 이는 대도시의 다양한 층위의 스펙트럼을 보여주는 도시문화의 한 모습으로 주목할 만하다고 할 수 있을 것이다.

참고문헌

[단행본]

김동호 외, 『한국영화 정책사』, 나남출판, 2005.

김주언, 『한국의 언론통제』, 리북, 2008.

이길성·이호걸·이우석, 『1970년대 서울의 극장산업 및 극장문화 연구』, 영화진흥위
    원회, 2004.

映畵振興公社, 『韓國映畵年鑑』, 1980~1987.

[학술논문]

김정호, 「영화산업과 TV산업의 상호작용 연구」, 『영상학보』 3호, 1992.

[잡지]

金洙容, 〈푸짐한 서어비스 外畵放映〉, 《映畵》, 1981年 7·8月號.

金重一, 〈[서울劇場街散策] 흥행계에도 통계 숫자는 의미가 있다〉, 《映畵》, 1980年
    11·12月號.

申政哲, 〈取才, TV外畵의 輸入經路와 그 問題〉, 《映畵》, 1981年 7·8月號.

俞賢穆, 〈늦게나마 당연한 것이 왔는데〉, 《映畵》, 1980年 7·8月號

李根三, 〈어차피 겪어야 할 길〉, 《映畵》, 1981年 7·8月號

최창섭, 〈칼라TV의 도래와 영화제작상의 대책〉, 《映畵》, 1980年 7·8月號.

호현찬, 〈칼라TV 시대가 열린다면 영화는 어떻게 될 것인가〉, 《映畵》, 1980年
    7·8月號.

〈우리들의 결의〉, 《映畵》, 1980年 9·10月號.

〈'81年 上半期 劇場用 外畵 放映 一覽〉, 《映畵》, 1981年 7·8月號.

[신문]

〈강남에 씨네하우스 개관〉,《每日經濟》, 1985.11.19.

〈開局 48周 맞는 KBS의 변천상과 事業計劃〉,《東亞日報》, 1975.2.15.

〈개봉극장 「東亞」 문열어〉,《京鄕新聞》, 1985.7.18.

〈邦畫 동시개봉 時代로〉,《每日經濟》, 1982.7.9.

〈사라져 가는 쇼舞臺〉,《京鄕新聞》, 1975.2.13.

〈연극계 法的 權利 찾기운동〉,《東亞日報》, 1980.3.11.

〈연극계화제〉,《京鄕新聞》, 1980.2.15.

〈「제3의물결」 젊은 그룹사운드 "突風"〉,《京鄕新聞》, 1986.1.23.

〈젊은이의 體臭 感興을 살린다〉,《京鄕新聞》, 1982.7.12.

〈창고劇場에서 隱退 元老 李源庚씨 건의〉,《京鄕新聞》, 1980.12.16.

〈컬러TV 8월부터 市販〉,《京鄕新聞》, 1980.7.12.

〈컬러TV 내달부터 放映〉,《東亞日報》, 1980.11.10.

〈"컬러TV放映 앞당길 수 없어 GNP가 2千달라 돼야 가능"〉,《京鄕新聞》, 1977.9.23.

金亮三,〈劇場街 새바람 미니映畵館〉,《京鄕新聞》, 1983.1.27.

金禧東,〈컬러TV·自動交換 사업 기대커〉,《每日經濟》, 1980.4.5.

[인명]

[작품명]